Stefan Klein

Der Fuchs kann noch mal gute Nacht sagen

Englische Essenzen

Stefan Klein

Der Fuchs kann noch mal gute Nacht sagen

Englische Essenzen

Picus Lesereisen

Picus Verlag Wien

Für die Menschen auf der Seite 3 der SZ, die diese Geschichten akquiriert und redigiert, erduldet, vielleicht manchmal gemocht – auf jeden Fall immer gedruckt haben ...

... and for Dorothy and Peter who took care of me when I, a stranded traveller from the Far East, came to London

Die Deutsche Bibliothek – CIP-Einheitsaufnahme

Klein, Stefan:
Der Fuchs kann noch mal gute Nacht sagen: Englische Essenzen / Stefan Klein. – Wien: Picus Verl., 2002
(Picus Lesereisen)
ISBN 3-85452-757-8

Grafische Gestaltung: Dorothea Löcker, Wien
Umschlagabbildung: © British Tourist Authority
Druck und Verarbeitung:
Druckerei Theiss GmbH, A-9400 Wolfsberg
ISBN 3-85452-757-8

Inhalt

Anschlag auf eine Hutmacherin

Queen Mum wird hundert – und ein Reporter sieht alt aus

Jetzt weiß ich, wie der Brief hätte lauten müssen. Jetzt, wo es zu spät ist. Im Grunde wäre es einfach gewesen. Nämlich so: »Sehr geehrte Frau Quested-Novell, schade, sehr schade, daß es mit dem Interview nicht geklappt hat. Aber sie waren so nett und freundlich am Telefon, und deswegen möchte ich Ihnen gerne zum Zeichen meiner Wertschätzung – *as a token of my appreciation* – diesen Strauß Blumen schicken. Vielleicht ein andermal unter anderen Vorzeichen. Mit herzlichen Grüßen, Ihr Stefan Klein.« Das wär's gewesen, und wenn es das Ende meines Kontaktes mit der Dame bedeutet hätte, dann wäre es wenigstens eines mit Stil und Klasse gewesen. Und nicht eines mit diesem schlechten Nachgeschmack. Aber vielleicht wär's ja gar nicht das Ende gewesen. Vielleicht hätte das Telefon geklingelt, und eine Stimme hätte sich für das Blumenpräsent bedankt und dann noch beiläufig den Satz hinzugefügt: »Übrigens, Herr Klein, morgen Nachmittag ist bei mir ein Termin geplatzt, wenn Sie also vorbeikommen wollen, eine Stunde genügt Ihnen doch, oder?«

Und ob mir eine Stunde genügt hätte. Ich wäre auch für eine halbe Stunde zu ihr nach Chelsea gefahren. Im Laufe eines langen Reporterlebens nämlich wird man bescheiden. Nicht so bescheiden, daß man auch Unverschämtheiten schlucken würde – so wie unlängst, als mir ein Pressesprecher des britischen Erziehungsministeriums für ein Interview mit dem Minister David Blunkett fünf bis zehn Minuten anbot und gar nicht verstehen konnte, daß ich das dankend ablehnte. Aber so wie früher, als man mehr oder weniger große Berühmtheiten unbedingt einen ganzen Tag (und möglichst auch noch die Nacht) über genauestens beobachten wollte, ist es schon lange nicht mehr. Mit Resignation hat das freilich nichts zu tun, eher schon mit der realistischen Einsicht, daß man als Reporter in den Augen derer, die man sehen/sprechen/beobachten möchte, einer Landplage schon ziemlich nahe kommt. Als Reporter ist man fast immer lästig, fast immer unwillkommen, und wenn es mal anders ist, dann ist allerhöchste Vorsicht geboten.

Noch nicht erfunden ist der afrikanische Diktator oder deutsche Bundeskanzler, der bei Anruf persönlich abheben und wie folgt reden würde, einfach so, ohne Hintergedanken: »Ach, Sie sind's, Herr Klein, das ist aber schön. Ich hatte schon länger auf Ihren Anruf gewartet, in der Hoffnung, daß Sie mich vielleicht mal interviewen möchten. Sagen Sie mir nur, wann es Ihnen paßt, ich stehe Ihnen jederzeit zur Verfügung.« Kann sein, daß man unter solchen Umständen seines Jobs ziemlich schnell überdrüssig sein und sich heimlich nach der großen Herausforderung sehnen würde. Aber vorübergehend wäre es doch einmal ganz nett, wenn Tony Blairs Pressesprecher jeden Morgen anrufen und mit wachsender Verzweiflung greinen würde, daß sein Chef dringendst darum bittet, mir endlich seine Geheimdossiers zeigen zu dürfen. Oder wenn die königliche Hutmacherin sich über das Interesse an ihrer Arbeit freuen und sagen würde: Ja, das sei ja wirklich eine bezaubernde Idee, sie arbeite gerade an dem Hut für den hundertsten Geburtstag der Königinmutter, und das sei doch für einen Zeitungsmann wie mich sicher sehr interessant.

Reporters Traum. Aber in der Wirklichkeit entringt sich der königlichen Hutmacherin Joy Quested-Novell erst einmal nur ein unüberhörbarer Seufzer, als sich der Anrufer am anderen Ende der Leitung als Journalist vorstellt. Ach nein, sagt Frau Quested-Novell, sie habe schon so viele Interviews gegeben, gerade erst einem französischen Journalisten, irgendwann müsse Schluß sein. Nicht, daß man dafür nicht ein gewisses Verständnis aufbringen könnte – als Mensch jedenfalls. Als Reporter freilich hat man hinhaltenden Widerstand zu leisten, denn die Geschichte über die Dame Hutmacherin sollte ja unsere Antwort sein auf den Wirbel um den hundertsten Geburtstag der Queen Mum. Nicht erneut die alten Geschichten wiederkäuen, die von der Frohnatur, die durch ihr unkompliziertes Wesen dem unglücklichen König Georg VI., ihrem Ehemann, Stab und Stütze war, auch nicht die anderen Geschichten von ihrer Sorglosigkeit beim Trinken und beim Geldausgeben – vielmehr einen Aspekt herausgreifen, einen scheinbar nebensächlichen, in Wahrheit aber äußerst wichtigen, denn nicht nur beim gemeinen Volk gilt, daß Kleider Leute machen. Und dazu zählt nicht zuletzt der Hut.

Eine Reportage über die Hutmacherin der Queen Mum also sollte es werden, eine Geschichte über die Frau, von der allein sich die Königinmutter seit vielen Jahren ihre Lust auf Hüte, immer wieder neue Hüte, befriedigen läßt. Gerade jetzt zum hundertsten Geburtstag Ihrer Majestät, sage ich ins Telefon, sei es doch … Nein wirklich, kommt es vom anderen Ende zurück, es habe keinen Zweck, ich möge bitte verstehen, und im übrigen sei sie die nächsten zehn Tage ohnehin nicht da, sondern auf Reisen. Aus aktivem Widerstand wird passiver. Ich schweige beleidigt. Da sagt die Stimme der Hutmacherin: »Rufen Sie mich halt nach meiner Rückkehr noch einmal an.« Immerhin, ein Strohhalm. Offenbar ist die Frau doch zu erweichen. Jetzt nur ja keinen Fehler machen. Ich schicke ein Herz-Schmerz-Fax in die Draycott Avenue nach Chelsea, das sie nach ihrer Rückkehr vorfinden und so rühren wird, daß sie mich schon aus humanitären Gründen nicht mehr abweisen kann. Psychologische Kriegsführung für Fortgeschrittene. Ich bin recht zufrieden mit mir.

Elf Tage später. Die Stimme klingt kalt und abweisend. »Definitely no«, sagt sie, und bevor ich mich noch richtig eingestellt habe auf die unerwartete Verhärtung, ist das Gespräch auch schon zu Ende. Definitely no. Ja, liest denn die Frau ihre Faxe nicht? Grausam: Da will man als Reporter ernstgenommen werden und schafft es noch nicht mal, zu einer Hutmacherin vorzudringen. Versager, ist dein Glück damals im Hitzedunst Westafrikas verdampft? Da war es mir gelungen, am Vormittag den Präsidenten Benins und ein paar Stunden später im Nachbarland Togo den Diktator Gnassingbe Eyadema zu interviewen. Zwei Staatschefs an einem Tag – aber nun abgeblitzt bei einer, die Hüte macht. Aufgeben? *When the going gets tough, the tough gets going*. Jetzt mußten härtere Bandagen her. Und es schoß mir der Blumenladen in der Sheen Lane durch das Gehirn. Da hatte ich letztes Jahr den Strauß besorgt für Marie als Mitbringsel zu ihrer Gartenparty. Orchideen, denke ich. Orchideen wirken immer.

Die Blumenfrau sagt, sie habe keine Orchideen. Ich sage: »Das gibt's doch nicht, jeder Blumenladen hat Orchideen.« Das ist kein gutes Entree. Die Blumenfrau wendet sich verärgert einer anderen Kundin zu und beschließt, mich zu ignorieren. Aber es gibt noch eine weitere Verkäuferin im Laden, und die hat Erbarmen. Sie ruft ein anderes Blumengeschäft an – aber auch das hat keine Orchideen. Dann ruft sie sogar bei Harrods an, dem Kaufhaus aller Kaufhäuser – erneut Fehlanzeige. Offenbar ist ein weltweiter Orchideenboykott im Gange, kein Wunder, daß Hutmacherinnen derzeit kalt und herzlos sind. Ich lasse meinen Blick durch den Laden schweifen, über Lilien, Rosen und Mohnblumen. »Müssen es denn unbedingt Orchideen sein?« fragt die Verkäuferin. Als ich zögere, fügt sie hinzu: »Es gibt viele Leute, die mögen überhaupt keine Orchideen.« Sie hat eigentlich recht, denke ich, was weiß unsereins schon vom Geschmack der königlichen Hutmacherin? Womöglich haßt sie Blumen und freut sich am allermeisten über Pralinen.

Wer kann mir raten? Die Blumenverkäuferin natürlich. Ich erzähle ihr die ganze Geschichte und was da so alles auf dem Spiel steht. Im Laden wird es still. Die Verkäuferin hört mir aufmerksam zu. »Macht das Ganze überhaupt Sinn?« frage ich am Ende. »Oder verschwende ich hier nur Zeit und

Geld?« Da wiegt sie bedächtig ihren Kopf und sagt: »You never know with these people.« Zwei Frauen. Die eine unten. Die andere mit Zugang nach oben, nach ganz oben. In einer Klassengesellschaft wie der britischen gibt es wenig, was die unten mit denen oben verbindet. Außer Skepsis. Und Mißtrauen. *These people*. Die da oben.

Doch die Verkäuferin will gar keine Zweifel säen, sondern Blumen loswerden, und deshalb läßt sie schnell einen aufmunternden Satz folgen. »If you don't shoot«, sagt sie fröhlich, »you can't kill.« Richtig, wir sind ja auf der Jagd, eine Hutmacherin soll zwar nicht direkt erlegt, aber doch eingefangen werden, und wenn das schon nicht mit Orchideen geht, dann eben mit Lilien. Lilien in einem hauchzarten Lachsrot. »Die passen auf jeden Fall«, sagt die Verkäuferin. Ein Taxi wird gerufen und ein Briefumschlag zugeklebt. Den Text darin hatte ich von zu Hause mitgebracht.

Der lautete so: »Sehr geehrte Frau Quested-Novell, ich schicke Ihnen diesen Strauß Blumen in der Hoffnung, daß er Sie überzeugen möge, Ihre Entscheidung vielleicht noch einmal zu überdenken.« Ist klar. Völlig klar. Ein Pressionsversuch. Jemand, dem sein Stolz etwas wert ist, kann dem nicht nachgeben. Eine Lady schon gar nicht. Denk dran, hatte mir eine Kollegin gesagt, die Mrs. Quested-Novell schon mal fürs Fernsehen gefilmt hatte, die Frau ist eine Lady, eine wirkliche Lady. Aber wer denkt schon immer an alles? Ich denke, daß der Blumenstrauß, der umgerechnet über hundert Euro gekostet hat und wahrscheinlich der geschmackvollste ist, der je an eine Hutmacherin geschickt worden ist, es durchaus verdient hätte, mit ein bißchen Entgegenkommen seinem Absender gegenüber gewürdigt zu werden. Dann eile ich nach Hause, um nur ja nicht den Anruf der vermutlich überglücklichen Empfängerin zu verpassen.

Ein Tag vergeht. Kein Anruf. Ein zweiter Tag vergeht. Wieder kein Anruf. Ist die Frau so ergriffen, daß sie vor lauter Rührung nicht mehr telefonieren kann? Am dritten Tag sitze ich auf der Toilette und sortiere gerade die soeben eingetroffene Post, als mir ein gelber Umschlag auffällt. Ein pastellfarbenes Gelb, das sich sehr gut für einen Hut der Queen Mum eignen würde. Ein gefütterter Umschlag. Sehr gediegen. Ich mache ihn auf, entnehme einen Briefbogen in der gleichen Farbe und lese die erste Zeile. »Your lovely flowers«, steht da. Ich will schon triumphieren, da lese ich die beiden letzten Worte. Sie kommen mir bekannt vor: »Definite no.« Auch noch in Versalien. Dann lese ich den ganzen handgeschriebenen Text. Der lautet: »Lieber Herr Klein, Ihre hübschen Blumen kamen heute Nachmittag. Hätte ich den Namen des Blumenladens gewußt, hätte ich sie zurückgehen lassen. Statt dessen habe ich sie an ein örtliches Altenheim weitergeleitet; ich bin sicher, daß die Insassen ihre Freude daran haben werden. In Ihrem Brief scheinen Sie anzunehmen, daß Sie mich mit einem Geschenk herumkriegen können. Zu dumm für Sie, daß das nicht der Fall ist. Ich finde die Sache ziemlich geschmacklos. Meine Antwort ist immer noch ein definitives Nein.«

Wie gesagt: gediegenes Briefpapier. Das Briefpapier einer Lady. Es hat wohl mal Zeiten gegeben, da hätte man sich nach dem Erhalt eines solchen Briefes ins Schwert gestürzt. Oder von den Burgzinnen. Heutzutage schreibt man seine Spesenrechnung und stellt seinem Arbeitgeber einen ziemlich teuren Blumenstrauß in Rechnung. Daß man sich auch ein bißchen schämt, steht auf einem anderen Blatt. In eine Spesenrechnung gehört es nicht.

P. S.: Später habe ich den Brief der Joy Quested-Novell meinem Freund Shaun gezeigt. Der hat mit den Schultern gezuckt und gesagt, die Dame sei offenbar humorlos. Schuldgefühle hat er keine zu erkennen gegeben. Dabei ist genaugenommen er der Übeltäter. Shaun war nämlich zufällig an dem Tag bei mir, als der Brief für das Blumenbouquet zu schreiben war. Ihn habe ich in seiner Eigenschaft als Brite um Rat gefragt, und das Ergebnis seines Nachdenkens war eben jener verhängnisvolle Satz. Shaun ist ein guter Schauspieler, ein glänzender Fliesenleger und ein begnadeter Backgammonspieler. Von der empfindlichen Psyche von Hutmacherinnen versteht er aber ebensowenig wie ein gewisser Journalist. Das steht jetzt ein für alle Mal fest.

August 2000

Der Fuchs kann noch mal gute Nacht sagen

Jagdszenen aus einem traditionsreichen Revier

Es ist wie bei einem Empfang, wo die Gäste nach und nach eintreffen und sich im Salon mit einem Drink in der Hand zusammenfinden – nur daß die Gäste hier hoch zu Roß daherkommen und ihr Gläschen Portwein im Sattel und unter freiem Himmel einnehmen. Rote und schwarze Reiterjacken, blitzende Messingknöpfe, der Geruch von Pferden und frisch poliertem Leder, die kribbelige Meute, der Huntsman mit Peitsche und Jagdhorn, die Bonhomie unter alten Reiterkameraden – Faye Bush liebt die Szene, und deshalb ist sie auch an diesem stürmischen Wintertag herausgekommen auf die Wiese oberhalb von Stockerston in Mittelengland. Sie ist ja schon über siebzig und wäre bei diesem Wetter zu Hause bestimmt besser aufgehoben. Aber was heute geboten wird, mag sie sich um keinen Preis entgehen lassen. Das ist ähnlich wie bei jemandem, der auf einen Platz in der Oper abonniert ist. Die Oper in Stockerston heißt Fernie Hunt und ist eine Fuchsjagd.

Später, wenn zum Aufbruch geblasen worden ist, wird Faye Bush versuchen, vom Auto aus die Jäger mit dem Fernglas zu verfolgen. Aber jetzt, gegen elf Uhr vormittags, da sich die Jagd gerade erst versammelt und mit dem traditionellen Glas Portwein auf den Tag einstimmt, ist sie noch ganz nah dran und genießt mit dem anderen Fußvolk den

Anblick der herausgeputzten Reiter auf ihren Pferden – und vor allem das Gefühl, teilzuhaben an einer Tradition. Ein bißchen freilich ist die Vorfreude heute getrübt. Die Weiden biegen sich unter den Böen, die über das Land fegen, das kahle Geäst schüttelt sich – da wird sich die Meute schwertun, Witterung aufzunehmen. »Wird harte Arbeit werden heute«, sagt *huntsman* Giles Wheeler, der die Foxhounds befehligt. Aber es ist nicht nur das Wetter. »Da drüben, sehen Sie die?« Faye Bushs Finger zeigt auf eine Gruppe junger Leute in einem weißen Lieferwagen. Wollmützen haben sie auf und Kapuzen, wie Freunde der Fernie sehen sie nicht aus. »Das sind die Antis«, flüstert Faye.

Kurz danach ist die Jagd los, und eigentlich müßten sich die Schwarz- und Rotjacken mit ihrer hechelnden Meute jetzt galoppierend und springend einem Vergnügen hingeben, das Lord Onslow, eines der prominenteren Mitglieder der Fernie Hunt, so toll findet »wie einen Orgasmus – nur viel länger«. Letztes Jahr sind sie einmal zwanzig Kilometer hinter einem Fuchs her, haben dabei Dutzende von Hecken und Zäunen übersprungen, und von dieser wilden, verwegenen Jagd schwärmen sie noch heute. Doch dazu muß man ungestört sein, heute hingegen sind da welche, die alles tun, um die Meute abzulenken und zu irritieren. Sie blasen auf Hörnern, sie schreien und sie lassen mittels eines Verstärkers das typisch schrille Foxhoundgebell erschallen. Eine seltsame Jagd: Die einen wollen einen Fuchs zur Strecke bringen, die anderen genau das verhindern, die einen wollen ihren Spaß, die anderen ihn verderben. Die anderen, das sind die Antis, oder, wie sie sich selber nennen, die Saboteure.

Jagdszenen aus der Provinz, ländliche Posse – na und? Das Schicksal von Füchsen, die Freizeit von Reitern – du lieber Himmel! So denkt der Uneingeweihte und ahnt nicht, daß es sich hier in Wahrheit um ein Problem handelt, das mit dem Wort hochpolitisch eher noch unzureichend umschrieben ist. Die Briten sind ja ein genügsames Volk und lassen sich vieles gefallen, ohne daß sie gleich zu Demonstrationen oder gar Streiks aufrufen. Das Thema Fuchsjagd hingegen bringt Hunderttausende auf die Straße. Es beschäftigt die Parteien, es entflammt die Medien, es sorgt für hitzige Debatten im Parlament. Was die Geister scheidet, ist eine uralte Frage – nämlich ob Fuchsjagd als beliebter Minderheitensport zu tolerieren oder als besonders üble Form von Tierquälerei zu verbieten ist.

Schon 1949, in der schwierigen Nachkriegszeit, als es eigentlich größere Probleme gab, war der damalige Labourpremier Clement Attlee mit dieser Frage befaßt, und um sie ein für allemal zu beantworten, setzte er eine Untersuchungskommission ein. Die kam zu dem Schluß, daß die Jagden einen wertvollen Beitrag leisten zur Kontrolle der Fuchspopulation und deshalb zu erlauben sind. Die Tierschützer haben sich dadurch freilich nicht entmutigen lassen, im Gegenteil: Sie kamen so erst richtig in Fahrt, und die militanten unter ihnen sind längst landesweit organisiert in einer »Saboteur's Association«, die viertausend Mitglieder hat und etwa dreißig Aktivistengruppen. Die Aktivisten sind jene, die während der Saison regelmäßig auf die Jagd gehen – mit dem Ziel, sie nachhaltig zu stören.

Bei fast 19.000 Fuchsjagden im Jahr und mehr als 180.000 Jägern können sie natürlich immer nur punktuell tätig werden – das aber tun sie ausgesprochen professionell. Sie sind nicht nur ausgerüstet mit Verstärkern und Hörnern, sondern auch mit Funkgeräten, Ferngläsern und Landkarten. Sie haben Videokameras, um zu dokumentieren, was den Füchsen angetan wird, und sie haben Sprays mit einer stark riechenden Flüssigkeit, damit es gar nicht erst soweit kommt: Das Zeug dient dem Verwischen von Fährten. Mit Hinweisen darauf, daß der Fuchs in seiner Eigenschaft als gerissener Gänse- und Hühnerdieb ja nun nicht gerade als Unschuld vom Lande bekannt ist, darf man diesen Leuten nicht kommen. »Stellen Sie sich doch einmal vor«, sagt Clive, arbeitsloser Lehrer, Aktivist und heute einer der Störer in Stockerston, in strengem Ton, »Ihr Körper würde von acht Hunden auseinandergerissen.«

Hört man ihm und seinen Freunden eine Zeitlang zu, dann taucht hinter dem von unzähligen Malern und Dichtern verewigten poetischen Landschaftsbild mit Reitern und Hunden das häßliche Gesicht einer vergnügungssüchtigen, parasitären Klasse auf, die sich auf Kosten eines Tieres amüsiert; die eigens kleine Wäldchen anlegt, wo sich Füchse ansiedeln können, auf daß der Vorrat an zu jagender Beute nur ja nicht ausgeht; die ihre Foxhounds zwecks größtmöglichen Lustgewinns so züchtet, daß sie lange durchhalten, aber nicht unbedingt schnell sind; die sich auf eine Weise daran berauscht, wenn der matt gehetzte Fuchs von den Hunden zerfleischt wird, daß man meinen könnte, sagt Clive, da wäre »sexuelle Erregung« mit im Spiel.

Ist es so?

Alles Greuelpropaganda, sagt Simon Hart, dessen Beruf es ist, die Fuchsjäger gegen solche Behauptungen in Schutz zu nehmen. Es ist nämlich so, daß sich nicht nur die Fuchsschützer, sondern auch die Jäger organisiert haben – und zwar in der sogenannten »Countryside Alliance«, die sich als Vorkämpferin für den Erhalt ländlicher Traditionen und insbesondere ihrer Sportarten versteht.

Simon Hart ist ihr Sprecher. Sein Büro hat er wie all die anderen Mitarbeiter der Allianz in einem hochherrschaftlichen Londoner Haus. Es heißt, hinter der Organisation stünden Großgrundbesitzer und die Aristokratie. Mit 86.000 Mitgliedern ist das eine andere Macht als das Häufchen Saboteure, und wie die sich in Stellung bringen läßt, haben diverse Massendemonstrationen bewiesen. Gerichtet haben die sich gegen die regierende Labour Party, denn die ist 1997 mit dem Versprechen angetreten, die Fuchsjagd abzuschaffen.

Es kam dann auch zu einer Gesetzesvorlage durch den Abgeordneten Mike Foster, in der die Fuchsjagd als eine »unakzeptable Form von Grausamkeit und Barbarei im Namen des Sports« bezeichnet wurde. Doch trotz großer Mehrheit bei der zweiten Lesung wurde nichts aus der Initiative, weil es den Konservativen gelang, das Projekt im Parlament zu verschleppen – und die Regierung, die sich nach einer Protestkundgebung von 110.000 Menschen im Hyde Park der Explosivität des Themas bewußt war, nichts unternahm, um dem Abgeordneten beizuspringen. Wenn es Feigheit war, dann hat sie nichts genützt. Die Fuchsjagd ist Labourhinterbänklern nämlich auch deshalb ein Dorn im Auge, weil sie als Sport der Aristokratie gesehen wird; sie drängten weiter auf ein Verbot, und als dann im Sommer 1999 Regierungschef Tony Blair im Fernsehen gefragt wurde, wie denn nun die Zukunft der Fuchsjagd aussehe, da gab er dem Druck nach und sagte, natürlich werde sie verboten – und zwar so bald wie möglich.

Die Strafe folgte auf dem Fuße. Während Labours Parteitag im Oktober 1999 in Bournemouth machten 16.000 von der Allianz mobilisierte Jagdfreunde vor der Konferenzhalle einen derartigen Radau, daß Tony Blair in seiner Grundsatzrede nicht umhin konnte, auf die Demo einzugehen und den Krachmachern ein höhnisches »Tally-ho« zu entbieten. Das ist das englische »Waidmannsheil«. Nach Bournemouth kam Birmingham, dann Newcastle, Norwich, Exeter und Cardiff. In all diesen Städten hat die Allianz mit Demonstrationen aufgetrumpft, und bei einer, nämlich der in Norwich, war auch eine gewisse Faye Bush aus Stockerston dabei. Ein Abzeichen auf ihrem Anorak erinnert daran. Sie ist stolz, dabeigewesen zu sein. Jetzt gerade aber muß sie sich ärgern, denn die Fernie nimmt an diesem Samstag keinen guten Verlauf.

Die frustrierten Jäger haben die Polizei gerufen, und ein Wagen mit zwei Polizisten ist auch prompt eingetroffen, aber was sollen die machen? Klar, die jungen Leute, die sich mit ihren Kameras und Sprays quer über die Felder an die Jäger heranpirschen, könnten sie festnehmen wegen unerlaubten Betretens von Privatbesitz – aber würde das helfen? »Wenn wir hart zupacken«, sagt ein Polizist zu einem Reiter, »dann kommen noch viel mehr von denen, und wir haben hier den dritten Weltkrieg.« Muß lustig sein, in dieser Zeit Füchse zu jagen: In London wird man bedroht von der Labour Party, am Ort von militanten Störenfrieden, und dabei will einer wie Charles Millington doch nur eine Familientradition fortsetzen. Er ist als »Master of Foxhounds« einer der Organisatoren der Fernie, so wie es sein Vater vor ihm auch schon war, und so wie es einer seiner Söhne irgendwann einmal sein wird. Bei den Millingtons haben schon immer alle gejagt.

Über den Zwingern, wo sie ihre 82 Foxhounds halten, haben die Leute von der Fernie so eine Klause, Jagdstube könnte man auch sagen, wo sie zwischen ausgestopften Füchsen und vergilbten Fotos von Jägern mit Zylindern besprechen, was es zu besprechen gibt. Ein Raum wie ein Museum, eine verstaubte Schatztruhe der Jagdgeschichte, die im Fall der Fernie Hunt immerhin bis an den Anfang des vorletzten Jahrhunderts zurückreicht. Sie zählt zu den fünf prominentesten Jagden im Land, nicht so berühmt wie die Beaufort, wo Prinz Charles und seine Söhne reiten, aber nicht weit dahinter. Die Fernie hat an die zweihundert Mitglieder, die, wenn sie etwa die Hälfte der insgesamt siebzig Jagdpartien pro Saison ausnutzen, umgerechnet 1800 Euro im Jahr dafür zahlen. Es sind die Bauern der Gegend, die das Land dafür zur Verfügung stellen – und zwar gerne, sagt Millington, weil in deren Augen Füchse nämlich Schädlinge und Killer sind und weil die Fernie im Gegenzug für die Gastfreundschaft das tote Vieh entsorgt.

Eine Kooperation zu beiderseitigem Nutzen also, in erster Linie aber ein gesellschaftliches und sportliches Ereignis. Es ist der Nervenkitzel, nie zu wissen, wohin es geht. Es ist die Unberechenbarkeit einer Hatz, die allein von den Finten eines schlauen Tieres bestimmt wird. Es ist das Tempo, das Fliegen über Hindernisse, die Lust am Wettkampf und hinterher der Tee und der Whisky darin und die Frage, was los war mit den *hounds* und wieso sie die Spur verloren haben. Dann noch mehr Tee und noch viel mehr Whisky, und wie komisch es aussah, als George plötzlich im Matsch lag. Blutgier? Ach was, sagt Charles Millington, über den Kill werde überhaupt nie geredet. Die Jagd sei das Aufregende, findet Lord Onslow, nicht das Töten des Fuchses – letztlich sei es völlig egal, ob am Ende der Fuchs tot sei oder entwischt.

Millington sagt, er habe schon öfter Labourabgeordnete eingeladen, um ihnen Gelegenheit zu geben, sich aus erster Hand zu informieren. Gekommen sei aber nie einer. Gerne hätte er denen mal erzählt, daß an Jagden auch Arbeitsplätze hängen, daß Fuchsjäger Landschaftspfleger sind und schon längst nicht mehr so elitär, wie immer behauptet wird. Angeblich gibt es etwa siebenhunderttausend Füchse im Land, den Jägern fallen davon jedes Jahr etwa 16.000 zum Opfer. Nein, sagt Simon Hart von der Countryside Alliance, man könne wirklich nicht behaupten, Füchse seien eine gefährdete Spezies, im Gegenteil – die Fuchspopulation nehme zu. Im übrigen: Sei der Abgeordnete Foster, der die Fuchsjagd per Gesetz abschaffen wollte, nicht ein begeisterter Angler? Und wenn die Regierung wirklich so tierlieb sei, fragt der *Independent,* warum lasse sie es dann zu, daß Millionen Tiere für die Wissenschaft und für den Massenkonsum gequält werden?

Tierlieb? In Wahrheit ist es wohl mehr so, daß die Regierung ihre Abgeordneten ein bißchen Klassenkampf spielen und in Populismus machen läßt. Allen Umfragen zufolge ist die Mehrheit der Briten gegen die Fuchsjagd. Und hat nicht Labour vor und nach der Wahl '97 erhebliche Spenden von einer Tierschutzorganisation angenommen? So etwas verpflichtet natürlich. Andererseits aber ist da die protestfreudige Countryside Alliance, die man nicht weiter gegen sich aufbringen will. Ein Dilemma, für das der praktische Innenminister Jack Straw inzwischen aber eine Lösung gefunden hat. Eine Untersuchungskommission ist eingesetzt und damit das Problem erst einmal auf die lange Bank geschoben worden – für die Saboteure das Signal, daß sie vorerst nicht nachlassen dürfen in ihren Anstrengungen, und so, wie sich gerade die Lage um Stockerston herum darstellt, tun sie das auch nicht.

Schade, daß man die Szene nicht aus der Vogelperspektive betrachten kann, es ergäbe sich ein interessantes Bild. Das sanft gewellte Land von Leicestershire sähe man, die Wäldchen als dunkle Flecken, die winterdürren Weißdornhecken als graue Striche. Irgendwo darin ein paar rote Punkte, die Jacken der Reiter, und rundherum auf kleinen Straßen und Feldwegen reger Autoverkehr. Die drei Lieferwagen der Saboteure sähe man, wie sie systematisch die Jäger umkreisen und ihnen stets so nahe zu kommen versuchen, daß sie alles im Blick behalten können. Dazwischen die Schaulustigen sowie die mittlerweile verstärkte Polizei, die ihrerseits den Saboteuren zu folgen versucht. Füchse sähe man von so weit oben nicht, aber die sehen auch die Reiter unten nicht. Es ist ein schlechter Tag.

Dabei könnte es – ohne Sturm und ohne Saboteure – ein hervorragender Tag sein. Es ist nämlich Paarungszeit, da sind die Füchse meist auf der Suche nach einem Weibchen und folglich leicht aufzuspüren. Aber sei's drum: Die Saison geht ja noch bis April, jede Woche wird zweimal gejagt, da sind noch viele Gelegenheiten, und man weiß ja, daß die Störer nur gelegentlich auftauchen. Heute ignoriert man sie, so gut es geht, nur einmal gerät einer in Wut – aber das ist kein Reiter, sondern ein Schaffarmer. Als er eine Gruppe Saboteure über seine Weide rennen sieht, brüllt er hocherregt: »Bastards, you bloody bastards, runter von meinem Land.« Später sieht man ihn mit den Fäusten auf einen der Wagen eintrommeln. Das seien gar keine Tierschützer, meint er, sondern Studenten, denen man ein paar Pfund gegeben habe, damit sie eine Jagd stören.

Typisch, sagt Clive, der Aktivist, solche Leute könnten sich einfach nicht vorstellen, »daß einer so idealistisch und uneigennützig ist, für den Schutz eines Tieres sein Wochenende zu opfern.« Es geht jetzt auf vier Uhr nachmittags und das Ende der Jagd zu. Graue Regenwolken sind aufgezogen, es bläst noch immer sehr heftig, und da kommen sie über den Kamm eines Hügels – vorneweg Giles Wheeler mit seinen Hunden und dahinter die Reiter. Die Unsäglichen, so hat Oscar Wilde früher mal gespottet, auf der Jagd nach den Ungenießbaren. Faye Bush würde es anders formulieren. Ihr Herz hängt an einer, wie sie sagt, »alten englischen Tradition«, und sie möchte sie nicht missen. Clive dagegen will sie verschwinden sehen, so schnell wie möglich. Bis es soweit ist, wird er weiter auf die Jagd gehen – auf seine ganz spezielle Weise. An diesem Abend, wenn er seine grün gescheckte Armeejacke auszieht, kann er zufrieden Bilanz ziehen: kein Aktivist verhaftet, kein Fuchs getötet.

Februar 2000

Eine Mausefalle, die Menschen fängt

Die zwanzigtausendste Suche nach dem Mörder

Die alten Herrschaften sind mit dem Bus aus Cambridge gekommen, und irgendwie ist es rührend zu sehen, mit welchem Eifer und welcher Aufmerksamkeit sie bei der Sache sind. Wie sie im Dunkeln flüstern und dann in der Pause über einem Becher Eis die Frage erörtern, wer denn nun der Mörder sei. Wie die eine den Zeigefinger hebt und sagt: »Bei Agatha Christie ist es meist derjenige, von dem man es am wenigsten erwartet.« Und als sich dann in der zweiten Hälfte das Rätsel entwirrt und der Killer, der am wenigsten erwartete Killer, die Pistole zückt und sich so zu erkennen gibt, da stöhnen sie wie alle anderen im Saal entsetzt auf – und sind doch wieder überrascht, daß es so ausgeht und nicht anders. Spannend, aber nun ist es ja vorbei, und sie können sich wieder zurücklehnen. Der nette Major Metcalf auf der Bühne scheint sich direkt an die Cambridger Seniorengruppe zu wenden, als er sagt: »Alles unter Kontrolle, Hilfe müßte bald hier sein.«

Es gab mal einen Major Metcalf in der »Mousetrap«, der hat diesen Satz mehr als elf Jahre lang achtmal in der Woche gesprochen – bei sechs Abendvorstellungen und zwei Matineen. Das war der Schauspieler David Raven. Als er sein zehnjähriges Jubiläum feierte, da wurde er in einer Zeitung mit dem Satz zitiert, er finde seine Rolle immer noch anregend. Na ja, ein gutes Jahr später fand er das offenbar nicht mehr, jedenfalls hat er sich da von der »Mousetrap« verabschiedet. Leider lebt er nicht mehr, so daß man ihn nicht fragen kann, wie das wirklich war, sich Tag für Tag, Jahr für Jahr in den Major Metcalf zu verwandeln und sich einzufinden im Gästehaus Monkswell Manor irgendwo im schneeverwehten Berkshire. Erfüllung? Schicksal? Masochismus? Vielleicht ist er ja nicht mehr losgekommen von der Rolle, vielleicht ging es ihm um das feste Einkommen von zwanzig Pfund pro Woche. Man weiß es nicht. Man weiß nur, daß es 1968, nachdem er Schluß gemacht hatte, eine Eintragung gab im »Guinness Buch der Rekorde«, die David Raven nach 4575 Auftritten in Agatha Christies »Mousetrap« zum ausdauerndsten Schauspieler aller Zeiten erklärte.

Janet Hargreaves hat auch eine Art Rekord aufgestellt, und weil sie noch lebt, kann man sie dazu auch befragen. Ihre Leistung beruhte freilich nicht auf Ausdauer, sondern ganz im Gegenteil auf Abwechslung: Janet ist die Schauspielerin, die in der »Mousetrap«, also in derselben Produktion, alle drei weiblichen Rollen gespielt hat – erst die der beiden jungen Damen, als sie selber jung war, und dann die der alten, als sie selber alt geworden war. Damals, Anfang der sechziger Jahre, eigentlich nur für das Ersatzteam engagiert, machte der 22jährigen Debütantin im berühmten Londoner West End eine Mumpsepidemie den Weg frei auf die Bühne. Sie spielte die lesbische Miss Casewell und danach die Mollie Ralston. Das war die Hauptrolle, in der Janet über ein Jahr auftrat, und als das Engagement zu Ende war, da sagte sie halb im Scherz, man werde sie noch wiedersehen in Monkswell Manor – als die böse, alte Mrs. Boyle. So kam es. 1998 war Janet über sechzig und damit alt genug für den Part des alten Drachen.

Und da war sie nun wieder im selben Stück, fast vierzig Jahre später. In einem Stück, das in der Zwischenzeit zwar die paar Meter vom Ambassadors ins St. Martin's Theatre gewechselt war und statt Papierschnee jetzt mit wirklichkeitsgetreuem chemischem Schnee operierte, das über die Jahrzehnte von immer neuen Regisseuren in Szene gesetzt und von wechselnden Schauspielern am Leben gehalten worden war – das ansonsten aber unbeirrt und ohne anzuhalten seinen Marathonlauf weitergelaufen war. Das Feuer im Kamin, der alte Lehnsessel, die altmodischen Skier, der Wind, der von Bühnenhelfern mittels einer Art Drehorgel immer dann zum Aufheulen gebracht wird, wenn jemand das Fenster öffnet, das Telefon, das zwecks Steigerung der Spannung plötzlich tot ist, der merkwürdige Mr. Paravicini, der auf dem Klavier mit einem Finger die kleine Melodie von den »Three Blind Mice« spielt – Janet Hargreaves war das alles sehr vertraut und doch fremd: Es sei, sagt sie, so gewesen »als würde man durch ein Fernglas von der falschen Seite her gucken«.

Zwei Schauspieler, zwei Karrieren, die sich, jede auf ihre Weise, um die »Mousetrap« gedreht haben – so wie es bei keinem anderen Stück möglich gewesen wäre, und zwar deshalb nicht, weil Theaterstücke normalerweise nicht so zählebig sind. Es gab in den sechziger Jahren in Los Angeles mal ein Stück, das hieß »Der Trunkenbold« und wurde 7510 mal hintereinander aufgeführt. Das galt seinerzeit als unerhört lange, doch was wirklich lange ist, zeigt die »Mousetrap«, die an diesem Samstag zum zwanzigtausendsten Mal auf die Bühne kommt. »Das 49. Jahr«, verkündet die rote Neonreklame über dem Eingang des St. Martin's Theatre, wo oben unter dem Dach David Turner, der derzeitige Regisseur, in seinem winzigen Büro prophezeit, daß das Stück noch zwanzig weitere Jahre laufen könnte: »Es ist fast nicht kaputt zu kriegen.« David Raven meinte sogar, die »Mousetrap« werde ewig laufen.

Acht Personen, abgeschnitten von der Außenwelt, in einem einsamen Landhaus, einer davon der Mörder – was bloß hat dieses Stück, das andere nicht haben? Nachdem es am 6. Oktober 1952 in der Provinz, also noch nicht im West End, uraufgeführt worden war, da saßen sie noch lange beisammen, Richard Attenborough, der männliche Hauptdarsteller und Star, die anderen Schauspieler, Peter Saunders, der Produzent, und natürlich Agatha Christie, die Autorin – und waren alle ziemlich bedrückt. Nach einem Kassenknüller sah es nicht aus. Agatha Christie meinte selbstkritisch, für ein »Whodunnit«, also einen Krimi, habe sie zu viele witzige Pointen eingebaut – und setzte gleich den Rotstift an. Einer der acht Akteure gab der »Mousetrap« nur drei Wochen, Christie selber war ein bißchen optimistischer: »Don't worry, darlings«, sagte sie, als sie sich weit nach Mitternacht ins Bett zurückzog, »ich bin sicher, daß das Stück sechs Monate laufen wird.«

Dann aber war es so, daß bald die Adjektive ausgingen bei dem Versuch, jedes neue »Mousetrap«-Jahr werbemäßig aufzupeppen. Auf das »10. unvergängliche Jahr« folgte das »11. außergewöhnliche Jahr«, und in diesem Stil ging es immer weiter, bis ihnen nach dem »20. stolzen Jahr« und dem »21. Volljährigkeitsjahr« nichts mehr einfiel. Mußte ihnen auch nicht, denn da war die »Mousetrap« längst zum Selbstläufer geworden. Sie lief und stand doch still, denn während sich alles andere veränderte, blieb in dem alten Gästehaus ein Stück fünfziger Jahre erhalten – eine Konserve, ein Schwarzweißfoto aus einer Ära, als Churchill noch Premierminister, die dritte Klasse bei British Railways noch nicht abgeschafft und für das Tagesprogramm des Fernsehens in der *Times* nicht mehr nötig war als ein Dreizeiler. Im Jahr der Premiere war die Queen noch Prinzessin, der Mount Everest noch nicht bezwungen – und Ägypten im Begriff, durch Ramses II. die Getreiderationierung einzuführen.

Spott gehört dazu, wenn britische Zeitungen über den unverwüstlichen Dauerläufer im West End schreiben. Rationierungen gab es damals in der Tat – aber sie betrafen nicht das Korn in Ägypten, sondern den Zucker im Großbritannien der Nachkriegszeit. Ein gelernter Arbeiter verdiente 10,26 Pfund die Woche, ein Radio nannte man »Wireless«, und wenn die Königin einen runden Geburtstag feierte, dann passierte es schon mal, daß sie sich von Agatha Christie ein Hörspiel wünschte. So entstand, gewissermaßen als Auftragsarbeit, auf Wunsch der achtzigjährigen Queen Mary die Ursprungsfassung der »Mousetrap«, die von der Autorin anschließend zum Theaterstück umgearbeitet wurde. Jeweils an seinem Ende wird dem Publikum die Komplizenschaft angetragen, verbunden mit der herzlichen Bitte, den Täter nicht zu verraten – also das Geschäft nicht zu verderben. Nach dem unvermindert großen Publikumsandrang zu schließen, scheinen sich von den insgesamt über zehn Millionen Zuschauern bisher die allermeisten daran gehalten zu haben – was Ausnahmen natürlich nicht ausschließt.

Einmal war es ein Discjockey bei Radio 2, ein andermal das Komikerduo Steven Fry und Hugh Laurie, und wenn Theaterbesucher, die mit dem Taxi ins West End kommen, mit dem Trinkgeld allzu knauserig sind, dann kann es schon mal passieren, daß der Fahrer sagt: »Oh, by the way, der Täter ist …« Für Peter Saunders, den Produzenten, war ein größeres Verbrechen nicht denkbar. Inzwischen alt und gebrechlich, hat Saunders als einer der bekannteren Impresarios des West End die »Mausefalle« jahrzehntelang gehegt und gepflegt, hat zum Beispiel amerikanische Touristen schon auf den Passagierdampfern umworben, noch ehe sie überhaupt britischen Boden betreten hatten, und als schließlich seine Autobiographie erschien, da konnte sie gar nicht anders heißen als »The Mousetrap Man«. Das Stück, das ihm die Christie einst in braunem Einwickelpapier beim Lunch überreicht hatte, wurde zu seiner privaten Goldmine. Sie machte ihn reich, wohingegen die Autorin an dem Stück keinen Penny verdient hat.

Die nämlich hat die »Mousetrap« und das Recht auf die Tantiemen ihrem Enkel Mathew Prichard zum neunten Geburtstag geschenkt. Dem Jungen, so hat der sich später mal zitieren lassen, wäre eine elektrische Eisenbahn lieber gewesen – wie hätte er auch ahnen sollen, daß ihm die Oma einen Schatz überlassen hatte, der ihm ein sorgloses Leben garantieren würde? Mathew Prichard hat das Stück wohl ein Dutzend Mal gesehen, mit der Großmutter, mit Freunden vom Eton Cricket Team und später mit seinen Kindern. Das war dann die vierte Generation seiner Familie, die der »Mousetrap« wegen ins West End pilgerte, und die tat sich genauso schwer wie die anderen, den Täter zu erraten. Der Vater beobachtete amüsiert seine Kinder, wie die im Programm nacheinander die Namen der Personen ausstrichen, die ihrer Meinung nach als Mörder nicht in Frage kamen – und eine der ersten, die sie für unbedenklich erklärten, war natürlich der Täter.

Churchill, immerhin, soll während der Pause auf die richtige Person getippt haben, aber David Turner, der als junger Mann das Stück in seinem neunten Jahr, seinem »9. unglaublichen Jahr«, gesehen hat, lag auch daneben – weshalb es irgendwie folgerichtig war, daß er 26 Jahre später von Saunders als Regisseur engagiert wurde. Er wurde der 17. in einer langen Reihe von Regisseuren, und an diesem Tag, als die Cambridger Senioren im Publikum sitzen, da ist auch Turner unter den Zuschauern, so wie er das zwecks Kontrolle immer wieder mal macht. Einen Block in der Hand, so sitzt er da und notiert im Dunklen seine Beobachtungen. Eigentlich ist er ja sehr zufrieden mit seiner augenblicklichen Besetzung, findet, daß sie »respektvoll« mit den Dialogtexten umgeht, doch heute mißfällt ihm, daß zu laut geredet wird und zu schnell – »das Publikum braucht mehr Zeit, um alles auf sich wirken zu lassen.«

Um das angestaubte Stück einigermaßen frisch zu halten, ist man dazu übergegangen, jedes Jahr die achtköpfige Besetzung auszuwechseln. 318

Schauspieler sind mittlerweile durch die Mausefalle gegangen – 73 davon unter Turners Regie. Rund zweitausend sind es jedes Jahr, die sich bewerben – kein Wunder, mit einer Anstellung bei der »Mousetrap« (wo inzwischen besser gezahlt wird als zu David Ravens Zeiten) gilt man als kreditwürdig bei der Bank. So ist das eben, wenn man bei einer Institution arbeitet. Nichts anderes nämlich ist die »Mousetrap« heute. Im Reigen der Londoner Touristenattraktionen hat sie sich eingereiht zwischen Westminster Abbey, Buckingham Palace und Madame Tussaud. Vormittags geht man zur »Changing of the Guard« und abends zur »Mousetrap«, wo, wie Turner sagt, »der Siebenjährige genauso gut unterhalten wird wie der 77jährige«. Was den Siebenjährigen betrifft, so hat es allerdings zehn Jahre gedauert, bis der Public Morality Council sich von der Unbedenklichkeit des Stücks überzeugt und es für Kinder freigegeben hat. Die Schockwirkung einer dezent angedeuteten Lesbierin und eines dezent angedeuteten Schwulen konnten die Hüter von Sitte und Moral in den fünfziger Jahren gar nicht hoch genug veranschlagen – wenngleich andererseits gerade die zarten sexuellen Zweideutigkeiten geholfen haben dürften, das Stück zur *success story* zu machen. Die und das Wetter. Die beiden großen britischen Leidenschaften. »Ich kann mich nicht erinnern, wann wir zuletzt so ein Wetter hatten.« So spricht der Major Metcalf, und als es über eingefrorene Rohre und defekte Heizungen nichts mehr zu sagen gibt, die eine Wonne also aufgebraucht ist, da kitzelt Agatha Christie auch schon die andere Passion und läßt den Gast Christopher Wren beim Eintreffen des Polizisten entzückt ausrufen: »So ein attraktiver Mann, richtig kernig.«

Ein Erfolgsrezept aus unschuldigen Zeiten, wenn es denn überhaupt eines war. Man weiß es nicht, Agatha Christie ist ja schon lange tot, wie es überhaupt keine wirklich schlüssige Erklärung gibt für die phänomenale Laufzeit der »Mousetrap« – obgleich sich viele daran versucht haben. Das Stück zu sehen, so hat es mal einer formuliert, sei »so tröstlich wie in einem kuscheligen Morgenmantel am Kamin zu sitzen, mit einer Ovomaltine in der Hand«. Leichte Kost, gut verdaulich, anregend, aber nicht aufregend – ist es das? Oder sind es inzwischen mehr die nostalgischen Gefühle, die bedient werden? Man komme sich vor, schrieb dieser Tage ein Reporter der *Times*, nachdem er die »Mousetrap« im Abstand von 35 Jahren zum zweiten Mal gesehen hatte, wie beim Passieren einer Zeitschranke, hinter der alles noch so ist wie früher – die Cricketlegenden Hobbs und Sutcliffe immer noch aktiv, Trambahnen, die noch nicht aufgehört haben, in London den Strand hinunterzurattern, und Honigbrote zum Tee.

Vielleicht ist es aber auch ganz einfach so wie Janet Hargreaves sagt, nämlich daß die »Mousetrap« eine Eigendynamik entwickelt hat, jenseits der Gesetzmäßigkeiten des Theaterbetriebs. Ein Perpetuum mobile in einem rotplüschigen Theater der alten Art, wo sie im Foyer eine hölzerne Anzeigetafel haben, wie es sie früher auf Cricketplätzen gab. Jeden Tag außer Sonntag kann man dort ablesen, wie viele Aufführungen es schon gegeben hat – an diesem Samstag wird es eine Zahl mit einer Zwei und vier Nullen sein. Neben den vielen, die von der

Langlebigkeit des Stücks profitiert haben, gibt es freilich auch jene, denen sie zum Verhängnis geworden ist. Zwei Filmproduzenten hatten im Jahr 1956 für zehntausend Pfund die Rechte an der »Mousetrap« gekauft, und die Vertragsbedingung, wonach erst gedreht werden darf, wenn das Stück in London nicht mehr läuft, schien ihnen kein unüberwindliches Hindernis zu sein. Sie warteten ein ganzes Leben und sind darüber gestorben.

So ist das: Menschen sterben, Regierungen kommen und gehen, Weltreiche brechen zusammen – die »Mousetrap« bleibt. Eines Tages, wenn durch die globale Erwärmung die Polkappen abgeschmolzen und die Meeresspiegel gestiegen sein werden, wird London unter einer Flutwelle verschwinden – aber ein Gebäude, darauf würden wir jederzeit wetten, wird wunderbarerweise verschont bleiben. Ein weißes Gebäude mit einer roten Neonreklame an der Fassade und einer morschen Anzeigetafel im Foyer. Die Leute werden von weither mit Schiffen vorfahren, und wenn sie mit dem Trinkgeld knauserig sind, wird der Schiffer sagen: »Oh, by the way, der Täter ist …« Drinnen werden sie die Aufführungen nicht mehr zählen, weil sie nämlich längst dazu übergegangen sind, hintereinander weg rund um die Uhr zu spielen, ohne Pause. »Ich kann mich nicht erinnern, wann wir zuletzt so ein Wetter hatten«, wird der Major Metcalf sagen – und er wird verdammt sein, verdammt in alle Ewigkeit.

Dezember 2000

Aus altem Eisen auferstanden

Englands Stadt der Macher – das Arbeiterzentrum Birmingham

Marodes Überbleibsel aus der industriellen Revolution, kulturell so aufregend wie ein stillgelegter Hochofen, als Symbol ein Ding, das sie »Spaghetti Junction« nennen und das ein monströses Knäuel von Stadtautobahnen ist – was, bitte schön, soll man bloß in Birmingham? Eine Stadt, die anders als Liverpool keine berühmte Popgruppe und anders als Manchester auch keine wirklich große Fußballmannschaft hervorgebracht hat. Shakespeare, das wär's gewesen, Birmingham, die Shakespearestadt – aber der große Dichter kam dummerweise ein Stück zu weit südlich zur Welt. Nein, die Stadt hat nichts – nichts außer Einwohnern mit einem komischen Akzent und einem Automobilhersteller, der kürzlich für zehn britische Pfund den Besitzer gewechselt hat.

So denkt man, und wenn man dann angekommen ist am Bahnhof New Street, also mitten in der Stadt, ist es ein Leichtes, sich seine Vorurteile zu bestätigen. Wie mit einer gewaltigen Forke ins Stadtbild gekratzt die häßlichen Betonschneisen, wie Kandidaten eines Wettbewerbs um größtmögliche Trostlosigkeit die Wohnviertel Ladywood oder Lee Bank, wie übergelaufen und angebrannt der Brei aus bröckelnden Industrieruinen in der Eastside. Nichts, woran sich das Auge erfreuen und ausruhen könnte. Doch dann steht man auf einmal am Brindleyplace, und unversehens ist alles anders. Auf einmal tut sich da ein Stück Birmingham auf, elegant, urban – mit Wohnungen und Büros, mit Restaurants und Bars, mit Pfaden zum Flanieren und Joggen, und das im Umfeld von Wasserwegen mit Ausflugsbooten darauf.

Ein Hauch vom Amsterdamer Grachtenviertel, eine Ahnung von Venedig – und doch ganz anders. Was man hier sieht, ist keine zehn Jahre alt. Es ist Beispiel für eine gelungene Transformation, es ist Anschauungsmaterial für die »Renaissance«, von der Bürgermeister Albert Bore so gerne spricht – und für den Brindleyplace selber ist es mindestens das dritte Leben. Das erste gehört zu jener Ära, als Birmingham durch die Industrialisierung groß herauskam und sich auf seinen Kanälen die Kohlenkähne drängten. Der alte George Smith hat die Endphase davon noch erlebt. Als Sohn eines *boatman* war er dem Vater schon mit 13 Jahren zur Hand. Der Alte steuerte das Boot, der Junge führte auf dem Treidelpfad das Pferd, das es zog. Aber in den sechziger Jahren übernahm den Transport die Straße, George wurde Fernfahrer, in den Kanälen sammelte sich Müll, und bald war es mit der industriellen Herrlichkeit vorbei: Unter Margaret Thatcher büßte Birmingham Anfang der achtziger Jahre zweihunderttausend Arbeitsplätze ein.

Für die Stadt war das ein tiefer Einschnitt. Bis dahin hatte man auf alle Schwankungen der Konjunktur und der Mode stets eine Antwort gehabt. Kamen Schnallen aus der Mode, machte man eben Metallknöpfe. War gerade Frieden und kein Bedarf an Gewehren, stellte man halt Fahrräder her. Und als ein gewisser Herbert Austin vor hundert Jahren auf einer Fahrradtour am Rande Birminghams in Longbridge ein günstiges Firmengelände entdeckte, da war das der Beginn einer großen Autotradition. In der Stadt der Macher haben sie nie lange gefackelt, haben die Ärmel aufgekrempelt und losgelegt. Sie wollen Klaviersaiten? Schreibfedern? Schmuck? Eine Präzisionswaage? Aber klar doch, und im Dutzend war's billiger.

Doch nun im Griff einer schweren Rezession war auch die alte Wendigkeit erschöpft, und es bedurfte eines grundsätzlich neuen Ansatzes. Birmingham mußte sich neu erfinden. Weg vom Image einer alten Industriestadt, sich lösen aus der traditionellen Abhängigkeit von der Autoindustrie – das waren die Ziele, und zumindest dem ersten sind sie inzwischen näher gekommen. An verschiedenen Stellen hat sich die Stadt gehäutet, und was zum Vorschein kommt, wirkt rund um den Brindleyplace ziemlich eindrucksvoll. Wenn der alte George, inzwischen Rentner und 73 Jahre alt, heute noch mal auf den Kanälen schippert, dann hat er keine Fracht, sondern Touristen an Bord, denen er erklärt, daß hinter der Backsteinfassade von »Bobby Brown's« Nachtklub einst die Zugpferde ihre Ställe hatten und daß gegenüber, wo das Bistro ist, früher das Gaswerk war.

Alt und neu haben sich gut gefügt und sogar so etwas wie Flair erzeugt. Gußeisenbrücke von 1848 und hochmoderne Konzerthalle, betagtes Braumeisterhaus und schicke Galerie, der mehr als zweihundert Jahre alte Kanal und die Szenekneipen, die ihn säumen – sie lebt wieder, die Innenstadt. Der Moral der Brummies, wie man die Einwohner Birminghams nennt, hat das gutgetan. Sagt jedenfalls

Mark Santer, der Bischof der Stadt: »Da ist jetzt wieder etwas, worauf sie stolz sein können.« Und Phil Williams, Wirtschaftsredakteur der *Birmingham Post*, glaubt sogar, daß die Veränderungen Investoren angezogen haben, die sonst in London gelandet wären. Der G-8-Gipfel 1998 war Höhepunkt dieser Entwicklung – und das Signal, daß Birmingham wieder da ist als Stadt mit Zukunft. Und nicht nur mit Vergangenheit.

Es gibt Hitlisten der Städte, in denen es sich zu leben lohnt, und in einer von denen wird Birmingham inzwischen auf Platz sechzig geführt – vor Mailand, Barcelona und Hongkong. Muß ein Lokalpatriot gewesen sein, der da die Hände im Spiel hatte, aber Stadtplaner Geoff Wright freut sich dennoch: »Das zeigt doch, daß wir wieder im Rennen sind.« Vor gar nicht langer Zeit noch »dem Tod geweiht«, werde man nun endlich wieder wahrgenommen. In erster Linie zwar noch als die Stadt der *metal bashers*, die in Hinterhofklitschen hämmern und schrauben, doch die Bevölkerungsstruktur verändert sich. Die mit dem weißen Kragen werden mehr, und schon in wenigen Jahren soll jeder fünfte Arbeitsplatz im Dienstleistungssektor sein.

Carl Chinn geht das beinahe schon zu weit. Der Historiker und Rundfunkjournalist, ein stadtbekanntes Original, findet, die Wiederbelebung dürfe nicht auf Kosten der industriellen Wurzeln der Stadt gehen. Für ihn ist das eine Frage der Identität. Doch in seiner Heimatstadt wird verschämt versteckt, was Birmingham groß gemacht hat. »Soho House« immerhin, hat man der Nachwelt erhalten. Das war, im 18. Jahrhundert, das Wohnhaus von Matthew Boulton, einem der bedeutendsten Fabrikanten und Ingenieure seiner Zeit. Er war es, der mit dem schottischen Erfinder James Watt jene Partnerschaft einging, die zur kommerziellen Herstellung von Dampfmaschinen führte und zu ihrem Export in alle Welt. Ob Münzprägemaschinen in Rußland oder Schiffe in Kanada – was sie antrieb, war fortan made in Birmingham.

Große Zeiten, lange her, aber sind es nicht die frühen Erfahrungen, die einen prägen? Vielleicht kommt er ja da her, der von allen Anfechtungen kaum beeinträchtigte Stolz, ein Brummie zu sein, die Gewißheit, nach Birmingham zu gehören und nirgendwohin sonst. Als Carl Chinn als 18jähriger nach Manchester ging zum Studieren, war er schon nach ein paar Tagen wieder zurück.

Zu groß, das Heimweh. Und als sie George Smith während des Krieges in ein Dorf evakuierten, da hielt er es gerade drei Monate aus. Lieber Bomben daheim als Sicherheit in der Fremde. So sind sie, die Brummies: mit ihrer Stadt verwachsen, warm, freundlich und sehr direkt. Für Bischof Santer war es eine neue Erfahrung, als er vor 13 Jahren von London nach Birmingham versetzt wurde, denn nun war er auf einmal unter Menschen, »die dir sagen, was sie denken«. Er empfand das als wohltuend.

Kein Schmus, kein Süßholz, auch weniger Klassengesellschaft als anderswo: In Birmingham ist es normalerweise keine große soziale Kluft, die den Boß vom Malocher trennt, und wenn es doch mal anders ist, gibt es Krach – so wie in jenen Monaten der Empörung in Longbridge, nachdem bekannt geworden war, daß BMW seine dortige Tochter Rover allen Verlautbarungen zum Trotz aufgeben und verhökern würde. Zum befürchteten Aderlaß in der Belegschaft kam es zwar nicht, aber Longbridge bleibt das Sorgenkind der Stadt – eine Altlast, die mitgeschleppt werden muß beim Aufbruch in die Zukunft. Ach ja, die Zukunft: Wer will, kann sie in der ziemlich entspannten Art sehen, wie in Birmingham Weiße und Nichtweiße zusammenleben. Eine Million Einwohner hat die Stadt, jeder fünfte gehört einer ethnischen Minderheit an, doch Spannungen gibt es kaum. Chinn spricht von »Modellcharakter«.

Oder ist die Zukunft doch mehr das neue Gesicht, das sich die Stadt zulegt? Nach dem Erfolg am Brindleyplace geht es nun an anderen Stellen weiter – in der industriellen Wüste der Eastside und natürlich am Bull Ring, wo ein selten scheußlicher, von brausendem Verkehr umtoster Marktkomplex aus den sechziger Jahren einer fußgängerfreundlichen Shopping-Mall Platz machen soll.

Die Liste der Projekte ist lang, die Vorurteile hingegen werden weniger, wenn man Großbritanniens zweite Stadt ein bißchen näher kennengelernt hat. Zwar wird es Aston Villa nach schwachem Start wohl auch diesmal nicht schaffen in der Premier League, und sogar wenn es stimmt, daß hiesige Musiker »Heavy Metal« erfunden haben – unsterblich wird man damit nicht. Aber vielleicht muß man das auch gar nicht. Vielleicht reicht ja schon, was Bischof Mark Santer über Birmingham sagt: »Die Stadt hat kein gutes Image, aber jeder, der sie besucht, hat sie bald sehr gern.«

September 2000

Und sein Hengst heißt Goebbels

Ein Lord am Ende des 20. Jahrhunderts

»Huhu«, sagt Lord Onslow, »huhu«, und schon fallen Zenobia und Justinian wieder in rhythmischen Trab, klappklapp, klappklapp. »So ist's gut«, lobt der Lord und lenkt die beiden weißen Ponys vor seinem zweirädrigen Gefährt auf die Landstraße. Leute grüßen respektvoll, und der Lord grüßt betont freundlich zurück. »Den kenn' ich überhaupt nicht«, flüstert er, als ihm ein älterer Mann zuwinkt, aber das hindert ihn nicht, jovial »Hello there« zu rufen. »Wie geht's?« tönt es ein paar Meter weiter von der anderen Seite. »Very well, indeed!« Der Lord und seinesgleichen mögen unter Labour nicht mehr sehr hoch im Kurs stehen – aber hier in Surrey, südwestlich von London, wo die Onslows seit mehr als dreihundert Jahren zu Hause sind, ist er immer noch wer.

Eigentlich, sagt der Lord zu dem Reporter, der hinter ihm auf der Rückbank kauert, »müßten Sie sich jetzt vorbeugen und in mein Ohr flüstern: ›Bedenke, du bist auch nur ein Mensch.‹« Selbstironie ist eine sympathische Eigenschaft, aber Lord Onslow macht sich auch gerne auf Kosten anderer lustig, und so hatte er den Satz, den im alten Rom die Liktoren, die Amtsdiener, dem Kaiser auf der Fahrt im Triumphwagen alle paar Meter zuzuwispern pflegten, vor Jahren einer anderen Großen namens Margaret Thatcher als Merkspruch zukommen lassen. Sonderlich witzig wird sie es nicht gefunden haben. »Ich werde mich immer an die Liktoren erinnern«, schrieb die Dame säuerlich zurück.

Ein englischer Lord, das wissen wir von Frances Hodgson Burnett (»Der kleine Lord«), ist hartherzig, starrköpfig und hat Gicht. Alternativ kann er auch skurril oder exzentrisch sein. Als wir Lord Onslow anriefen und um ein Gespräch baten, sagte er: »Aber dann müssen Sie mich auch zum Lunch einladen, ich bin nämlich schrecklich korrupt.« Anschließend wollte er den Termin schriftlich bestätigt haben und gab zu diesem Zweck seine Faxnummer durch: »Die ersten zwei Ziffern bezeichnen das ehemalige Wahlalter, die nächsten vier das Jahr des zweiten Prager Fenstersturzes.« Stellt man sich so kregel den Angehörigen einer zum Aussterben verurteilten politischen Klasse vor? Der Termin versprach recht vergnüglich zu werden.

Um neuerlichen Verlegenheiten zu entgehen, hatten wir uns ein bißchen mit böhmischer Geschichte beschäftigt, aber dann ist es der Kronprinz von Preußen, über den der Lord spricht, nachdem er uns in sein verkramtes Studierzimmer gebeten und etwas zu trinken angeboten hat. »Tee? Wirklich nicht was Härteres?« Lord Onslow schenkt sich einen Whisky ein, redet über preußische Geschichte, Napoleon, Ludwig XIV., und wir kommen mit unserem Fachwissen über Fensterstürze nicht so richtig zum Zuge. Es dauert ein bißchen, bis wir beim eigentlichen Thema sind, und das ist der Lord selber – und natürlich die Frage, wie es ist, wenn man als Abkömmling einer alten parlamentarischen Familie seinen angestammten Platz im House of Lords demnächst aufgeben muß.

Die Regierung Blair ist 1997 mit der Absicht angetreten, einen Anachronismus abzuschaffen, der darin besteht, daß der britische Erbadel seit Hunderten von Jahren Sitz- und Stimmrecht im Oberhaus besitzt und somit aufgrund der Zufälligkeiten von Geburt und Erbfolge Gesetze zwar nicht verhindern, aber doch verzögern kann. Nun wird dieses Versprechen eingelöst, und die gelegentlich als Beweis für ein Leben nach dem Tod verspottete Kammer der überwiegend betagten Grafen und Barone wird in ihrer jetzigen Zusammensetzung noch im Jahr 2000 aufgehört haben zu existieren. Die Reformbedürftigkeit des Oberhauses ist auch für Onslow unumstritten, Ärger hatte jedoch verursacht, daß man die 759 Erbadligen kaltstellen wollte, zunächst ohne zu sagen, durch wen sie ersetzt werden sollen.

Lord Onslow geriet darüber so in Rage, daß er ankündigte, sich wie ein Hooligan aufzuführen und das Programm der Regierung nach Kräften zu sabotieren. Inzwischen zeichnen sich die Konturen einer neuen Kammer etwas deutlicher ab, außerdem hat die Regierung zwecks Besänftigung der Lords 91 von ihnen Verlängerung gewährt, so daß Onslow den Krieg wieder abgesagt hat. Er glaubt, daß die Konzession der Regierenden nicht zuletzt eine Reaktion auf seine Drohungen war – »und wenn das meine einzige Leistung gewesen sein sollte«, sagt er, »dann will ich ganz zufrieden sein.« Er hat Glück und gehört zu den 91, die noch ein bißchen länger auf den roten Lederbänken im House of Lords sitzen dürfen, doch am endgültigen Abschied von der politischen Bühne ändert dies nichts.

Es ist freilich auch ein Abschied von einer Familientradition, denn der Name Onslow ist mit den parlamentarischen Geschicken des Landes – im Ober- wie im Unterhaus – seit langem eng verbunden. Drei Onslows haben als Speaker im House of Commons amtiert – einer sogar schon unter der Herrschaft von Elizabeth I. Immer ein bißchen exzentrisch und manchmal auch als Troublemakers haben die Onslows an der Geschichte der britischen Demokratie mitgeschrieben, und zwar meistens die bunteren Kapitel. Richard Onslow, Finanzminister im 18. Jahrhundert, war wegen seines hitzigen Temperaments als »Black Dick« bekannt und konnte einmal nur mittels einer Unterhausresolution an einem Duell mit einem Lord gehindert werden. Von ihm, dem Baron Onslow, ist es dann weitergegangen bis jetzt zum siebten Grafen, dem Michael William Coplestone Dillon Onslow.

Aufgewachsen ist der Sechzigjährige noch im Stammsitz der Familie, einem hochherrschaftlichen Gebäude, das Anfang des 18. Jahrhunderts von einem Vorfahren mit dem Geld gebaut worden war, das ihm die Heirat in eine jamaikanische Zuckerdynastie eingebracht hatte. Aber wie das eben so ist, wenn eines Tages die Profite ausbleiben: »The bloody place«, wie Michael Onslow sagt, wurde im Unterhalt zu teuer und mußte aufgegeben werden. Heute lebt er mit seiner Familie in Sichtweite der alten Mansion in einem verwinkelten Gutshof und versucht Geld zu machen aus dem, was ihm vom Besitz der Onslows geblieben ist – Land. Er vermietet Reitställe, läßt Jäger auf seinem Gelände Fasane jagen, verkauft Goldfische und Papageien und baut Mais und Gerste an – so wie es sich gehört für den Urenkel des ersten britischen Landwirtschaftsministers.

Auch Großvater und Vater waren Minister. Letzterer war es, der den Sohn und Erben als 14jährigen mal mitgenommen hatte ins House of Lords. Da kam er neben einem berühmten Mann zu sitzen, der sogar das Wort an den Buben richtete. Er wollte nämlich wissen, wie spät es sei. Doch dem Jungen war die Uhr stehengeblieben, und so kam es, daß Winston Churchill statt der Uhrzeit nur eine gestammelte Entschuldigung zu hören bekam. Knapp zwanzig Jahre später hielt Michael Onslow in einer Debatte über das widerborstige Regime des Ian Smith in Rhodesien seine Jungfernrede im House of Lords – nicht legitimiert durch ein demokratisches Mandat und noch nicht mal ausgewiesen durch irgendwelches Expertentum. Seinen Sitz im Oberhaus verdankte er allein dem Umstand, daß sich der Vater zu Tode getrunken hatte.

Natürlich war er in Eton, das gehörte in seinen Kreisen dazu, aber danach schien da einer ziemlich orientierungslos von einer Beschäftigung zur nächsten zu stolpern. Als Soldat mal im Orient, mal im westfälischen Herford, Gesellschaftsfotograf, Versicherungsvertreter – nach stetigem Aufstieg klang das nicht gerade. Linie bekam sein Leben erst, als er anfing, sich um seine Ländereien zu kümmern – falls es denn eine Linie ist, wenn einer die klassischen Freuden des englischen Landedelmanns entdeckt. Fuchsjagd? Aber ja doch, und jeder, der dagegen ist, kann sich der ewigen Verdammnis durch Michael Onslow sicher sein. Das gilt für Tony Blair ebenso wie für Adolf Hitler. Dem trägt der Lord bis heute nach, daß er damals in Deutschland die Fuchsjagd verbot. Und wenn Hitler etwas waidmannsfreundlicher gewesen wäre? Na ja, sagt der

Lord, zum glühenden Hitlerbewunderer wäre er wohl trotzdem nicht geworden.

Die Grenzen zwischen Witz und Torheit sind manchmal fließend, aber wenn es seiner Belustigung dient, nimmt der Lord offenbar gerne das Risiko in Kauf, mißverstanden zu werden. Man darf ihn deswegen aber nicht unterschätzen. Denn wenn er nicht gerade Füchse jagt oder in der Küche neue Rezepte ausprobiert, liest Michael Onslow sehr viel. Auf diese Weise hat er sich ein beachtliches Geschichtswissen angeeignet. Die Bücher im Kaminzimmer seines Hauses stehen dort nicht zur Zierde. Bietet sich freilich die Gelegenheit zu einem Ulk, so kann er offenbar nur schwer widerstehen – wie sonst soll man sich erklären, daß sich Lord Onslow für eine Radiosendung hat keilen lassen, in der er als eine Art Discjockey die Vorzüge von *jungle music* und *trash metal* erläuterte? Oder daß er ein Schwein namens Koscher hält und einen kastrierten deutschen Hengst namens Goebbels?

Ja, Goebbels: Ob wir denn das Lied nicht kennen würden, das sie damals immer gesungen hätten? »Hitler had only got one ball, Goering's were very, very small, Himmler's were somewhat sim'lar and Goebbels had no balls at all.« Wie er das Liedchen trällert, grüne Kordhose, sandfarbene Weste, Jacke aus Tweed – der Junker als Entertainer, da wird es Zeit, seine Frau Robin zu fragen, wie das so ist, mit einem Exzentriker zusammenzuleben. »Macht Spaß«, sagt sie. Dabei ist es wohl vor allem anstrengend, was im übrigen nicht nur Frau Onslow weiß. Als die letzte Wahl für die Konservativen verlorenging, empfand Lord Onslow das, wie er seiner Parteifreundin Lady Thatcher erklärte, als gerechte Strafe für den Haufen *wankers*, die regiert hatten. »Was ist ein *wanker*?« fragte Thatcher. Sie kannte, Lady, die sie ist, das Wort für »Wichser« nicht. Man sieht: Das Vokabular eines Hooligans hätte Onslow.

Ein bißchen ordinär, sehr charmant, unkonventionell, unabhängig, meinungsfreudig, belesen, witzig, an allem interessiert: Manchmal ertappt man sich bei dem Gedanken, daß die Stimme des Lord Onslow im politischen Tagesgeschäft vielleicht sogar mal vermißt werden wird. Andere freilich werden über seinen Abgang eher erleichtert sein. Die Zuchtmeister der Konservativen Partei zum Beispiel, die sich natürlich schwer tun mit jemandem, der – aus guten sozialen Gründen – die Entkriminalisierung von Drogen propagiert. Oder die Labour-Lords, die von der Regierungspartei ernannten Adligen auf Lebenszeit, über die ein Lord Onslow mit seiner jahrhundertealten Familiengeschichte gern gespottet hat. Sonst aber kennt er kaum Dünkel. Ob er denn auch volksnah sei und wann er sich das letzte Mal so richtig habe vollaufen lassen, wollte ein Reporter der *Sunday Times* von Michael Onslow wissen. »Müßte gestern gewesen sein«, antwortete der Lord.

Er hat ja seine Stammkneipe gleich um die Ecke. The Onslow Arms Inn heißt die und hat mal seiner Familie gehört. Zenobia und Justinian, klappklapp, klappklapp, traben gerade daran vorbei. »Ziehen traumhaft heute, was?« Als die Sonne über den Hügeln untergeht und das kahle Land in goldenes Licht taucht, sagt Lord Onslow: »Ich möchte nie woanders leben, ich liebe diese Gegend zu sehr.« Er wird auch ohne das House of Lords auskommen.

Den Parkplatz wird er vermissen und das Gefühl, sich nützlich zu machen für das Land. Teil seiner Geschichte zu sein – das hat ihm schon etwas bedeutet. Er hat sich immer vorgestellt, nach dem Tod seinen Sohn und Erben Rupert, 31, auf denselben roten Lederbänken einnicken zu sehen, wo er selber auch gelegentlich ein Schläfchen gehalten hat. Schade, sagt Lord Onslow.

Aber langweilen, soviel steht fest, wird er sich nicht. Mangels Forum wird er seine Meinungen zu Tony Blair, den er für einen seichten Parvenü hält, oder zum »bürokratischen Zentralismus« in Brüssel eben in der Kneipe verkünden – vielleicht hat er dort sogar mehr Zuhörer als im oft verwaisten House of Lords. Und zwischendurch sind natürlich noch viele Füchse zu schießen, Gerichte zu kochen und Preise zu gewinnen. In einer Sportart, die Pony Tandem heißt, ist der Besitzer von Zenobia und Justinian englischer Champion. »Aber bevor Sie jetzt in Ehrfurcht erstarren«, sagt er, »müssen Sie wissen, daß es nicht mehr als zwanzig Personen gibt, die den Sport wettbewerbsmäßig betreiben.«

Februar 1999

Am Pool der Verlockungen

Cliveden auf dem Felsen über der Themse oder ein Hauch von Skandal

Natürlich führt unser erster Weg in Cliveden zum Tatort. Der Swimmingpool liegt versteckt hinter grün überwachsenen, hohen Backsteinmauern in einer üppig bepflanzten Enklave gleich hinter dem Haupthaus. Es ist ein schwüler Sommertag, und wer weiß, vielleicht ist es ja ähnlich heiß wie an jenem Juliwochenende vor vierzig Jahren. Das Wasser hat die richtige Temperatur, Liegen sind noch frei, und weil es ja darum geht, sich in ein historisches Ereignis zu versenken, das hier einst seinen Lauf nahm, versenken wir uns erst einmal dienstlich in den Pool. Wir haben ihn für uns allein. Es ist still und friedlich, ab und zu trägt der Wind Wortfetzen herüber aus der Unterhaltung dreier älterer Damen. Es gehört ein bißchen Phantasie dazu, aber unvorstellbar ist es nicht: Ein Heeresminister im Abendanzug, wie er eine neunzehnjährige Nackte um das Becken jagt.

Als wir uns anmeldeten für Cliveden, da hatten wir einen am Telefon, der sich als Peter vorstellte und wissen wollte, ob wir gerne Champagner auf dem Zimmer hätten und Blumen. Mit Rücksicht auf unseren sparsamen Arbeitgeber haben wir den Vorschlag dankend abgelehnt, und zum Trost bekamen wir einen achtseitigen Brief zugeschickt, in dem unter anderem schon mal vorab das umfangreiche Angebot an Schönheitskuren und Massagen erläutert wurde. Jetzt, auf der Liege am Pool, wäre die Gelegenheit günstig, der Pavillon Spa mit seinen Massageräumen und Masseusen liegt gleich gegenüber. Wir müßten uns nur entscheiden, ob wir zum Beispiel mittels einer »indischen Kopfmassage« unsere geistige und körperliche Vitalität in Schwung bringen lassen oder in einem »Evening Primrose Oil Bath« das Altern bekämpfen wollen. Die Versuchung ist groß, aber dann machen wir doch lieber einen Spaziergang hinunter an die Themse zum Spring Cottage. Das ist eine kleine Dependance des Hotels, ein altes, aus dem 18. Jahrhundert stammendes Gemäuer, wo einer, der es gerne ganz privat, romantisch und verschwiegen hat, für knapp fünftausend Euro das Wochenende verbringen kann, Butler und Ausflugsboot inklusive.

In den sechziger Jahren war das noch anders. Da war Cliveden noch kein Hotel, sondern Stammhaus der Astors, das Spring Cottage ziemlich heruntergekommen und für einen symbolischen Betrag vermietet an einen Stephen Ward. Der war ein Mann mit vielen Talenten und wenigen Skrupeln, war Chiropraktiker, Porträtmaler, Verführer, wußte Menschen zu manipulieren, Informationen zu beschaffen, und wer in ihm einen Zuträger der Kommunisten in Moskau sah, der kam der Wahrheit ziemlich nahe. Ward hatte Bill Astor nach einem Reitunfall einmal die Knochen gerichtet und als Gegenleistung das Cottage überlassen bekommen. Ward machte ein Liebesnest daraus, und unter den Mädels, mit denen er da seine Wochenenden verbrachte, war auch ein Partygirl namens Christine Keeler.

Sie war jung und naiv, aber vom Herrgott mit einem traumhaften Körper und einem Übermaß an Sex-Appeal beschenkt worden. Eine etwas problematische Kombination, auch wenn die Keeler in ihren unlängst erschienenen Memoiren eine simple Formel dafür findet: »Ich mochte die Männer, und die Männer mochten mich.« Es waren Männer aus allen Kreisen, die auf Christine Keeler flogen – auch aus den besseren, wie sich am zweiten Juliwochenende 1961 zeigte. Da war, wie so oft, große Gesellschaft bei den Astors – Lord Mountbatten war da, General Ayub Khan, der Präsident von Pakistan, eine Gruppe konservativer Abgeordneter und John »Jack« Profumo, der Heeresminister, mit seiner Frau. Auch unten im Cottage war was los, und weil es eine heiße Nacht war, zogen die von unten nach oben in den Pool, um sich abzukühlen. Christine Keeler hatte keinen passenden Badeanzug dabei – sie schwamm nackt.

Zur gleichen Zeit hatten auch die im großen Haus das Bedürfnis, nach ihrem Dinner ein bißchen frische Luft zu schnappen. Jack Profumo und Gastgeber Bill Astor trafen vor den anderen am Pool ein, und da war die verführerische Nixe und hatte nichts, um sich zu bedecken, außer einem winzigen Handtuch. Alle hatten schon etwas getrunken, und es dauerte nicht lange, da war rund um das Becken eine übermütige Jagd im Gange – vorneweg die kichernde Schöne und dahinter die beiden Stützen der Gesellschaft, die ihr das Handtuch zu entwinden versuchten. So jedenfalls erinnert sich die Keeler im Buch, und sie schreibt auch, daß sie, die damals 19jährige, die keine Ahnung hatte, wer Jack Profumo war, das alles äußerst lustig fand, jedenfalls so lange, bis der Rest der Partygäste am Pool erschien, die Damen in ihren eleganten Abendkleidern, darunter Valerie, Jack Profumos Frau. Damit war die Jagd zu Ende, aber noch nicht der Abend. Bill Astor lud die Badegesellschaft auf einen Drink ins Haupthaus ein.

Das Haupthaus: man hatte uns leider nicht mitgeteilt, daß man als Gast mindestens mit einem Bentley vorfahren muß. So ein hochherrschaftliches Haus kann verlangen, daß man sich ihm standesgemäß nähert, und viele seiner Gäste tun das ja auch. Sie kommen, Staubfahnen wie Segel hinter sich herziehend, über die breite Allee aus Kies mit ihren edlen Karossen leise angeschnurrt. Früher werden es Kutschen gewesen sein, als die Buckinghams hier noch residierten, die Orkneys, die Sutherlands und die Westminsters. Alter englischer Adel war in Cliveden zu Hause, bis der Bau Ende des 19. Jahrhunderts »in diese Hände« fiel, wie Queen Victoria indigniert bemerkte. »Diese Hände« gehörten einem Emporkömmling jenseits des Atlantiks, und daß er der Reichste seines Landes war, machte die Sache nicht besser. Dabei standen die Astors ihren blaublütigen Vorgängern an Prachtentfaltung kaum nach, unter Waldorf Astor und seiner Frau Nancy wurde das Haus sogar zum gesuchten gesellschaftlichen Zentrum.

Die Keeler war »beeindruckt«, als sie, abgetrocknet und umgezogen, das große Haus betrat. Das Mädchen, das unter kümmerlichen Verhältnissen in einem Eisenbahnwaggon aufgewachsen war, fragte sich, was das wohl kosten mochte, all die Räume zu heizen. Sie fühlte sich wie Aschenputtel auf dem Ball. Wir hingegen fühlen uns eher ein bißchen wie in einer Gruft. Wir haben unser Auto, das kein Bentley ist, neben einem Rolls Royce geparkt, und nun stehen wir in der großen Empfangshalle, wo es ziemlich dämmrig ist, weil sie mit dunklem Holz getäfelt und mit dusteren Bildern und alten Gobelins vollgehängt ist.

Es ist ein langer Weg zum Zimmer. Er führt an anderen Zimmern vorbei, die keine Ziffern auf den Türen haben, sondern Namen. Zimmer Chaplin, Zimmer Churchill, Zimmer Garibaldi – Reminiszenzen an berühmte Besucher, die hier zu Gast waren und an der Geschichte des Hauses mitgeschrieben haben. Es waren viele: Könige und Königinnen, Politiker, Diplomaten, Schauspieler und Schriftsteller. George Bernard Shaw war ein häufiger Gast. Im Winter 1928 hat er in Cliveden sein letztes großes Stück, »The Apple Cart«, zu Ende geschrieben und vor ausgewähltem Publikum erstmals daraus gelesen. Über die witzigen Stellen mußte Shaw selber am lautesten lachen. Später war es Shaw, der Marxist, der seiner eher rechtsgewirkten Gastgeberin Nancy Astor demonstrativ zu Hilfe eilte, als sie und ihre Kreise in den Ruf geraten waren, sie seien Anhänger der Nazis und die eigentlichen Drahtzieher der britischen Appeasement-Politik gegenüber Hitler. »Unsinn«, schrieb Shaw im amerikanischen Magazin *Liberty*, Cliveden sei stets offen gewesen für Menschen verschiedenster politischer Auffassungen, und wenn er wolle, dann könne er jederzeit beweisen, daß Cliveden »ein Nest des Bolschewismus« sei.

Unser Zimmer heißt Grenfell. Es ist sehr persönlich mit altem Mobiliar eingerichtet. Das Bett steht auf hohen Beinen und ist so groß, daß ein Kriegsminister und seine Geliebte ohne weiteres auch noch mit hineinpassen würden. In einer Karaffe steht, offenbar als Ersatz für den Champagner, Whisky bereit, aus der Stereoanlage perlt klassische Musik, und im Schreibtisch finden sich Bücher, darunter auch zwei über das Leben von Joyce Grenfell, denen sich entnehmen läßt, daß sie Schauspielerin war und eine Nichte von Nancy Astor. Auch ein Gästebuch liegt bereit, offenbar hat hier jedes Zimmer ein eigenes. In unseres hat ein Ehepaar Hodges unter dem Datum 1.5.2000 geschrieben: »Ein wunderbarer Platz, um sich zu entspannen und das Tagesgeschäft zu vergessen. Wo sonst könnte man Madonna im Swimmingpool antreffen?« Ist offenbar eine Tradition in Cliveden, daß sich schöne Frauen vorzugsweise im Badebecken aufhalten. Auch die Keeler war ja damals noch ein zweites Mal im Pool.

Zunächst freilich war da noch dieser Abend im großen Haus, wo Profumo für die Keeler den, wie er sich ausdrückte, »Touristenführer« spielte, dann aber doch wieder vom Jagdeifer gepackt wurde und das schöne Mädchen durch die altehrwürdigen Gemächer hetzte, bis es sich prustend in eine Ritterrüstung rettete. Der Minister war offenbar so überaus *amused*, daß man sich am Sonntag abermals zusammenfand, und zwar zu allerlei neckischen Spielen im Swimmingpool – beispielsweise zu einem Reiterspiel, bei dem Christine Keeler auf den Schultern des Ministers saß.

Kompromittierendes passiert war noch nicht, denn Flirten, und sei es noch so ungeniert, ist auch einem Regierungsmitglied nicht verboten. Aber ein Hauch von Skandal lag bereits über den fröhlich

Planschenden, denn unter denen befand sich auch ein Mann, dem ein britischer Heeresminister nicht zu nahe kommen sollte – nicht zu Lande und auch nicht im Wasser. Eugene Ivanov, von seinem Freund Stephen Ward nach Cliveden eingeladen, war offiziell stellvertretender Marineattaché der sowjetischen Botschaft in London, inoffiziell aber russischer Spion. Noch am selben Tag ging die Keeler mit ihm ins Bett, wenige Tage später schlief sie erstmals mit Profumo.

Garderobenfragen für den Abend stellen sich nicht, die sind in dem achtseitigen Brief beantwortet. Der »Dress Code« für das Abendessen schreibt vor: Jackett und Krawatte, keine Jeans. Das Schönste am »Terrace Dining Room« ist die Aussicht durch die großen Fenster über die Terrasse hinweg auf das sanft gewellte, sommerlich grüne Land von Berkshire. Viel schöner hätte er damals den Standort nicht wählen können, der 2nd Duke of Buckingham, Gründer von Cliveden – hoch auf den Kalkfelsen über der Themse, die sich hier so träge und gelassen durch das Gelände windet wie ein tropischer Fluß. Risotto als Vorspeise. Dann Ente. Über dem Land liegt noch immer der Hitzedunst des Tages. Ein paar Tische weiter lacht einer, als erstickte er bei einem bronchitischen Hustenanfall. Lacht und lacht, und dazwischen die schrillen Kiekser der Damen am Tisch.

Später sitzen wir noch eine Zeitlang in der Bibliothek. Die wirkt, als wäre sie schon immer so gewesen und als hätte Shaw, der weiße Rauschebart, gerade noch eine Runde von Bewunderern am Kamin mit geistreichen Geschichten unterhalten. Oder als wäre der Sessel noch warm, wo William Gladstone gesessen hat, der große Reformpolitiker, um still und konzentriert am Staatsbudget zu arbeiten, so wie er sich meistens Arbeit mitgenommen hat nach Cliveden – und immer Lektüre. Tagebucheintrag am 12. Juli 1863: »Lese gerade ›Les Misérables‹, Cliveden schöner denn je.« Kann man sich auch das Mädchen und den Minister vorstellen, wie sie um die schweren Möbel herum miteinander Haschen spielten? Es geht auf Mitternacht, als noch Gäste in die Bibliothek kommen und sich bewundernd umsehen. »Ein wirklich toller Raum«, sagt eine Frau und läßt ihren Blick über die in die Vertäfelung eingelassenen Regale und die darüber hängenden Bilder schweifen, »fast wie zu Hause.« »Ja«, sagen wir, »fast.«

Wie Schmetterlinge. Wie eine Versammlung bunter, exotischer Schmetterlinge, die sich aus dem Sommerlicht in den Schatten verirrt haben und nun aufgeregt herumflattern und den Weg suchen zurück in die Sonne. So wirkt es von oben, von der großen Treppe, wenn man hinunterblickt in die Empfangshalle am nächsten Morgen. Unten sieht man dann, was wirklich vor sich geht. Stimmt ja, es ist »Ascot Week«, die königliche Rennwoche, die in Wahrheit eine große Modenschau ist, vor allem eine Hutmodenschau. Die Schmetterlinge sind Hüte, was man aber nur daran erkennt, daß sie sich auf frisch frisierten Damenköpfen befinden. Sonst nämlich würde man durchaus darüber streiten können, ob es sich um fremde Flugapparate handelt oder um Werkzeuge der militärischen Abschreckung.

Ascot ist nicht weit von Cliveden. Es hat Tradition, während der Rennwoche hier zu wohnen und für den Tag nach Ascot hinüberzufahren – die Männer mit Frack und Zylinder, die Frauen mit ihren Hüten. Mehr als sich zu kostümieren müssen sie nicht tun, alles andere erledigen die Bediensteten des Hauses. Nacheinander werden die Wagen vorgefahren, ein weißer Rolls-Royce, ein mauvefarbener Rolls-Royce, ein tintenblauer Bentley. Die Lunchboxen mit den Lachshäppchen werden im Kofferraum verstaut, Türen aufgerissen – die Herrschaften müssen nur noch Platz nehmen. Und dann segeln sie über das graue Kiesmeer davon, ein weißer Rolls-Royce, ein mauvefarbener Rolls-Royce, ein tintenblauer Bentley. Die *Racing Post*, die in der Halle ausliegt, sagt, das Pferd Dandoun sei der Favorit des Tages.

Cliveden hat die Profumoaffäre überlebt, aber sie hat das Ende der Ära Astor ausgelöst. Es war eine Affäre, die danach drängte, an die Öffentlichkeit zu gelangen. Erstaunlich war eigentlich nur, daß sie sich so lange verbergen ließ, jedenfalls wenn man bedenkt, wie unvorsichtig der Minister war, der die Geliebte in seinem Dienstwagen mit Fahrer und Stander abholte, sie durch die Downing Street am Regierungssitz vorbeikutschierte (was damals noch möglich war), sie einmal sogar in sein häusliches Ehebett mitnahm und ihr Briefchen auf offiziellem Briefpapier schickte, die stets mit »Love J« unterschrieben waren. Im März 1963 gab Profumo im Unterhaus zu, daß er Miss Keeler kenne, daß es aber zu keinerlei *impropriety* zwischen ihnen gekommen sei. Als die Keeler davon hörte, fragte sie, was das sei, *impropriety*, Unschicklichkeit. Sie kannte das Wort nicht.

Die Lüge hielt sich keine drei Monate. Im Juni erklärte sich Profumo eines »groben Fehlverhaltens« für schuldig und trat zurück. Ein Spionageskandal aber war es nicht. Stephen Ward mag mit dem Gedanken gespielt haben, mit Hilfe der Keeler dem Heeresminister militärische Geheimnisse zu entlocken, doch angeklagt wurde er schließlich wegen Zuhälterei. Nach einem Prozeß, in dem von Orgien, Perversionen und Drogen die Rede war, kam er seiner Verurteilung durch Selbstmord zuvor. Ein klägliches Ende einer lustvollen Affäre also, und weil Ward mit Bill Astor, dem Herrn in Cliveden, befreundet war, färbte die Sache zwangsläufig auf das berühmte Haus ab. Die Großen und Guten im Land, die gerade noch die Gastfreundschaft der Astors genossen hatten, wandten sich ab. Bill Astor starb 58jährig im März 1966, kurz danach zog der Rest der Familie aus Cliveden aus. Nach einer Zwischenphase als Außenstelle der kalifornischen Stanford University wurde das Haus 1986 ein Hotel.

Das Ende ist so prosaisch wie in jedem anderen Hotel auch. Packen, Zimmer räumen, Rechnung zahlen, nur daß sie hier erheblich höher ist als anderswo. In der Empfangshalle ein letzter Tee. An der Stirnwand groß und in Öl Nancy Astor, die glamouröseste Gastgeberin in Cliveden. Sie war schon eine alte Dame von achtzig Jahren, als in ihrem geliebten Haus die Profumoaffäre begann. Der Exminister lebt noch, hoch in den Achtzigern, irgendwo auf dem Land, zuletzt wurde er bei den Feierlichkeiten zum hundertsten Geburtstag der Queen Mum in der Öffentlichkeit gesehen. Margaret Thatcher hat vor ein paar Jahren über ihn gesagt, er sei ein großer Mann, und es sei »an der Zeit, die Keeler-Geschichte zu vergessen.« Die Keeler selber ist knapp sechzig, hat zwei gescheiterte Ehen und ein chaotisches Leben als Kuriosität hinter sich. Irgendwo in Cliveden soll ein Bild von ihr hängen, gemalt von Stephen Ward. Wir haben es aber nicht gefunden.

Juli 2001

Ohne Ladies kein Kredit

Clubs in England – schon wieder sollen Männer weich werden

Man wird David Frith nicht vorwerfen können, er sei ein Frauenfeind. Er ist glücklich verheiratet, hat eine Tochter, und Rachael Heyhoe-Flint, auf die er mit einigem Grund sauer sein könnte, zählt zu seinen engen Bekannten. Aber es geht ja auch gar nicht nur um Frauen. Es geht, vor allem, um Veränderung. David Frith, 61, mag keine Veränderungen, und wenn man ihm lange genug zuhört, dann weiß man, warum. Er ist nämlich Historiker, Crickethistoriker. Als er noch jünger war, hat David Frith Cricketmagazine herausgegeben, heute unterhält er in einem eigens gekühlten Raum in seinem Haus in Guildford ein kleines Privatmuseum mit Memorabilien aus der weiten Welt des Cricket: Schläger, Bälle, Pullover, Blazer, Korrespondenzen, Autogramme, Bilder – und 4500 Bücher. 26 davon hat David Frith selber geschrieben.

So einer weiß Traditionen zu schätzen, und wenn sie 211 Jahre alt sind, dann erst recht. Über den Marylebone Cricket Club (MCC) sagt er: »Es ist ein Club für Männer, ich begreife nicht, warum wir das ändern sollen. Wo ist die Logik?« Das Land befinde sich ohnehin in einem permanenten Wandel, was schrecklich genug sei – und nun bald auch noch Frauen im berühmten Long Room des MCC?

Frith fragt sich, wo das alles noch hinführen soll, wenn derart zerstörerisch mit Traditionen umgegangen wird, und weil ihn die Frage umtreibt, hat er, das langjährige MCC-Mitglied, sich hingesetzt und einen Leserbrief geschrieben an den *Daily Telegraph*. Darin stellt er die Überlegung an, wie der große Cricketer William Gilbert Grace (der in diesem Jahr 150 Jahre alt geworden wäre) wohl auf den Vormarsch der Frauen ins »Heiligste des Heiligen« reagiert hätte. Vermutlich, so Frith, genauso barsch, wie er einst eine Schiedsrichterentscheidung kommentiert hat: »Shan't have it! Can't have it! And I won't have it!«

Auf den ersten Blick ist Lord's keine sonderlich beeindruckende Arena: ein Sammelsurium alter und neuer Tribünen, ein betagtes Sandsteingebäude und gegenüber ein noch im Bau befindliches, hochmodernes Medienzentrum. Das Cricketstadion in Kalkutta ist ungleich größer, das in Sidney sehr viel beeindruckender. Aber auch, wenn man es der Anlage nicht ansieht: Dies ist das Mekka des Cricketsports, denn hier ist der Marylebone Cricket Club zu Hause, der weltweit anerkannt als höchste Instanz für diesen Sport seit jeher die Regeln bestimmt, nach denen er betrieben wird. Regeln übrigens, die sie hier *laws* nennen. MCC ist Gesetzgeber, Gralshüter, Veranstalter und Mythos in einem: Auf dem Rasen von Lord's zu spielen ist für Cricketers, was für Tennisspieler ein Auftritt in Wimbledon ist. Spieler schwärmen von einer ganz besonderen Aura.

Es ist der alte Sandsteinbau, der sogenannte Pavillon, wo sich die Clubmitglieder versammeln, wenn sie ein Match sehen, neue Gesetze verabschieden oder auch nur an der Bowler's Bar ein Pint Pimms trinken wollen. Sie binden dann ihre rotgelben Krawatten um zum Zeichen, daß sie Mitglieder und befugt sind, das alte viktorianische Gebäude zu betreten, das so aussieht, als wäre es einem dieser Steinbaukästen entsprungen, wie man sie früher seinen Kindern zu Weihnachten schenkte. Der Geruch von Bohnerwachs und altem Holz, die Galerie dusterer Ölgemälde, der Long Room so lang, daß man darin kegeln könnte: Hier sind sie durchgekommen, all die Großen des Cricket, von der Umkleidekabine auf den Rasen und später wieder zurück. Beklatscht oder auch nicht, je nachdem. 17.250 Mitglieder hat der Club, alles Männer. Im Stadion selber sind auch Frauen willkommen, den Pavillon jedoch müssen sie meiden. Nur für die Queen wird eine Ausnahme gemacht.

1889 wurde das Clubhaus gebaut, der Club selber ist nochmal ein Jahrhundert früher entstanden: 1787. Da war Königin Viktoria noch längst nicht geboren, und Georg III. hatte gerade die nordamerikanischen Kolonien verloren, was sich cricketmäßig aber nicht weiter auswirkte. Verhängnisvoller war schon die Entscheidung, Australien, den vergessenen Kontinent am Ende der Welt, in eine Sträflingskolonie zu verwandeln. Die Abkömmlinge der britischen Knastis nämlich sollten sich als hervorragende Cricketers erweisen – besser als es den nur zu oft von ihnen gedemütigten Engländern lieb sein konnte. Einmal, nach einer besonders schmerzlichen Niederlage gegen die Aussies im August 1882, gab ein englischer Gentleman verbittert eine Todesanzeige auf: »In tiefer Trauer und liebevoller Erinnerung an das englische Cricket.«

Das war ein bißchen voreilig, wenngleich man andererseits heute feststellen muß, daß Cricket schon bessere Zeiten gesehen hat. Andere Sportarten sind populärer, immer seltener die Schulen, wo Cricket gespielt wird. Was sollen junge Leute auch mit einem Spiel, über das grauhaarige Männer wachen, die von Karikaturisten regelmäßig als Reaktionäre mit Stehkragen und Schnurrbärten im Stil des Erste-Weltkriegs-Veteranen Douglas Haig verhohnepipelt werden? Natürlich hat das verstaubte Image auch damit zu tun, daß die »Kathedrale des Cricket«, wie der frühere australische Premier Robert Menzies ehrfürchtig den MCC nannte, über all die Jahre hinweg für Frauen verboten blieb – und das aus keinem überzeugenderen Grund als dem, daß es immer so war. Eine entsprechende Clubregel jedenfalls gibt es nicht. Auf die Idee, die zugeschlagene Clubtür mal auf ihre Festigkeit zu überprüfen, ist nie eine Frau gekommen – bis 1991. Da hat Rachael Heyhoe-Flint, die als langjährige Spielführerin des englischen Frauenteams als eine der besten Cricketspielerinnen der Welt galt, einfach mal einen Versuch gewagt, hat sich unter den MCC-Mitgliedern die erforderlichen vier Sponsoren gesucht und dann unter dem unverdächtigen Namen R. Flint einen Aufnahmeantrag gestellt. Viel formvollendeter läßt sich eine Revolution kaum auslösen, und eine Revolution war es in der Tat – gemessen am Aufruhr im Reservat der Männer, das nun plötzlich gespalten war in eine Fraktion der Traditionalisten und eine der Modernisierer. Als die Sache dann erstmals zur Abstimmung kam, hatte der Fortschritt zwar keine Chance, aber die Saat der Zwietracht war gelegt, und das Thema Frauenmitgliedschaft sollte aus den Diskussionen nicht mehr verschwinden.

Im Februar 1998 wurden die Mitglieder erneut zur Stimmabgabe aufgerufen – und wieder hatten die Frauen das Nachsehen. Wohl hatten sie diesmal eine Mehrheit, aber immer noch nicht die benötigten zwei Drittel. War da ein berühmter Verein dabei, sich lächerlich zu machen und zum Anachronismus zu verkommen? Keine Frauen im Männerpavillon aus Sorge, sie könnten womöglich den Umkleidekabinen zu nahe kommen und toilettenmäßig zur Belastung werden? Baut doch den ganzen Pavillon zu einem einzigen großen Pissoir um, hat da der Sportschreiber Michael Parkinson im *Daily Telegraph* gelästert, Damen und Herren hätten dann genug Platz, ohne sich in die Quere zu kommen, der alte Kasten erfülle einen guten Zweck, und der MCC habe endlich demonstriert, daß er es mit den Frauenrechten ernst meint.

Doch die »Höhlenbewohner«, wie Parkinson die Traditionalisten verspottet, sind bisher noch in der Mehrzahl. Und der »zivilisierende Effekt«, den Frau Heyhoe-Flint in Aussicht stellt, indem sie tugendhaft verkündet, daß sie sich als MCC-Mitglied aufs Spiel und nicht etwa auf Gin und Tonic konzentrieren würde, dürfte kaum dazu angetan sein, die Stimmung in der Höhle frauenfreundlicher zu gestalten. Andererseits kommt von draußen nicht unerheblicher Druck. Nach dem zweiten Votum waren in der peinlich berührten Regierung deutlich mißbilligende Töne zu hören. Das Wort »Diskriminierung« ist gefallen, und wenn irgendwann ein entsprechendes Gesetz verabschiedet werden sollte, dann würde sich ein *men-only-club* vielleicht sogar strafbar machen. Entscheidend freilich ist das nicht. Am Montag wird zum dritten Mal abgestimmt, und wenn dann die Frauen obsiegen sollten, dürfte ein anderes Argument ausschlaggebend gewesen sein – Geld.

Der MCC ist kein armer Club, die Mitglieder zahlen jedes Jahr umgerechnet knapp viereinhalb Millionen Euro in die Kasse, und ein Milliardär wie der Amerikaner Paul Getty wird vielleicht auch mal was extra springen lassen. Trotzdem: Um einer seiner Hauptaufgaben gerecht zu werden, nämlich Cricket in aller Welt zu verbreiten und zu fördern, braucht der MCC große Summen, die sich durch die Beitragszahler allein nicht zusammenbringen lassen. Gerade eben zum Beispiel ist ein Team von einer Demonstrationstour durch Japan zurückgekehrt. Auch wird ja immer wieder am Stadion herumgebaut, und als man sich einmal zur Finanzierung einer Tribüne um einen staatlichen Kredit bemühte, da wurde der auch wegen der Frauenfeindlichkeit des Clubs abgelehnt. So blieb nichts anderes übrig, als 250 lebenslange MCC-Mitgliedschaften für je 15.000 Euro zum Verkauf anzubieten.

Klar war das eine attraktive Offerte, denn die Warteliste für Möchtegernmitglieder zählt nach Tausenden, und nicht jeder heißt John Major, der als Premierminister die vor ihm Wartenden einfach überspringen durfte. Die anderen müssen sich normalerweise in Geduld fassen und können wenig tun, außer sich beim Lesen der Nachrufe in der Zeitung mit der Frage zu beschäftigen, ob vielleicht dieser Graf oder jener Oberst MCC-Mitglied gewesen sei – und dank seines Hinscheidens einen freien Platz im exklusiven Kreis geschaffen haben könnte. Nicht mal die Berufung in den Heiligenstand, hat eine Zeitung geschrieben, erfordere so viel Geduld, weshalb denn auch der Sonderposten von 250 Mitgliedschaften im Nu vergriffen war. Es war dies freilich nur eine Notlösung, die sich kaum wiederholen läßt, denn der Club hat jetzt schon weit mehr Mitglieder, als der Pavillon je zu fassen vermöchte.

Dauerhafte Geldquellen also sind zu erschließen, und das geht nur mittels lukrativer Werbeverträge. Da aber liegt das Problem, denn wer mag schon einen Werbeträger benutzen, der als verknöcherter Altmännerverein einen Appeal hat, mit dem sich allenfalls Pfeifen oder Tabaksdosen verkaufen lassen? Drei mögliche Sponsoren, so hört man aus der Marketingabteilung des Clubs, seien wegen des Imageproblems wieder abgesprungen. Doch das soll nun alles anders werden. Frauen sollen dem Club zu einem frischen, attraktiven Erscheinungsbild verhelfen – und die Gelder aus der Werbung nur so strömen lassen. So jedenfalls will es der Vorstand, der vor der neuerlichen Abstimmung ganze Arbeit geleistet und in einer aufwendigen Broschüre den Mitgliedern ausführlich erklärt hat, daß sie sich vor Frauen nicht fürchten müssen und sich im Notfall immer noch an die Bowler's Bar zurückziehen können. Die nämlich wird, selbst wenn am Montag das Ende der Männerherrschaft im MCC ausgerufen werden sollte, vorerst frauenfrei bleiben.

David Frith haben sie damit nicht überzeugen können. Der hat sein negatives Votum per Briefwahl bereits abgegeben und hofft auf eine hohe Wahlbeteiligung, denn anders als die opportunistischen Modernisierer, glaubt er, sei die große Mehrheit für die Erhaltung des Status quo. Rachael Heyhoe-Flint sieht das genauso, weshalb sie sich auch keine allzu großen Hoffnungen macht. Ihr geht es vor allem um die Zukunft des Cricketsports, und sie fragt sich, wie es wohl ankommen mag, wenn in England der Cricket-Worldcup ausgetragen und das Herzstück der Veranstaltung, der MCC, dann immer noch mit dem Stigma der Frauenfeindlichkeit belastet sein wird. Die Angst der Männer, sagt sie, sei ihr völlig unverständlich, zumal die ja ohnehin nicht mit einer plötzlichen Fraueninvasion rechnen müßten.

In der Tat: Frauen werden sich am Ende der Warteschlange anstellen müssen, die augenblicklich 9200 Männer lang ist. Da sich die Mitgliederzahl pro Jahr höchstens um vierhundert verringert, wird es mehr als zwanzig Jahre dauern, bis sich der Rückstau an Aspiranten aufgelöst hat. Frauen, so sie sich nicht als Spielerinnen qualifizieren oder zu Ehrenmitgliedern ernannt werden, würden also frühestens im Jahr 2020 in den Pavillon einziehen. David Frith wäre dann 83; Cricket, so wie jetzt, würde er vielleicht nicht mehr spielen, aber an den Gedanken, im Long Room einer Frau zu begegnen, hätte er sich bis dahin eventuell gewöhnt.

September 1998

Jeff Fields unberechenbare Gezeiten

Der träumende Fish-'n'-Chips-Verkäufer von Esh Winning

Jeff Field lehnt in der Eingangstür seines Ladens und wirft einen Blick auf die Durham Road draußen, über die sich eine klare, kalte Oktobernacht gesenkt hat. Duster ist es und still. Kein Kunde mehr zu sehen. »Geisterstadt«, murmelt Jeff und schließt die Tür. Mitternacht ist vorüber. Früher wäre dies das Ende eines Großkampftages gewesen, denn der Friday war ja immer der Fry-Day, wo sie gebraten haben, was die Pfannen hergaben – Fish und Chips, unendliche Mengen Fish und Chips. Heute ist das anders. Nicht, daß es kein arbeitsreicher Tag gewesen wäre, aber es war kein Fry-Day der alten Art. Drei *stone* Fisch verkauft, höchstens vier. Damals in den großen Zeiten war es zehnmal so viel. Wenn Jeff nur wüßte, wie er diesen Traum verwirklichen soll, den er hat. Wenn er nur das Mittel kennen würde, um den Schatz nutzbar zu machen, den er besitzt. Aber jetzt ist es spät, Jeff ist müde, der Ofen ist auszumachen, die Kassenlade hochzutragen – und heute Nacht wird ihm das Zauberwort wohl auch nicht mehr einfallen.

Dreizehn Stunden vorher hatte der Tag begonnen. Friday, Fry-Day: Im Fish-and-Chip-Shop des Jeff Field in der Bergarbeitergemeinde Esh Winning im Nordosten Englands beginnt er so wie immer. Nämlich damit, daß um Punkt elf, kaum daß Jeff die Tür aufgeschlossen hat, ein zittriges, dünnes Männchen hereintrippelt und sich abholt, was es sich immer abholt – einmal Fisch ohne Panade und eine halbe Portion Chips, eine sogenannte *pensioner's portion*. Dann trippelt es zittrig wieder hinaus, besteigt ein Taxi und fährt zurück nach Hause. Der alte Jacky schafft nur noch den Hinweg zu Fuß. Er hat Jahre seines Lebens unter Tage malocht, und das hat Spuren hinterlassen. Nach Jacky kommt Winnie, dann Joan, dann Gloria, dann Peter, der Friseur von nebenan, und plötzlich ist richtig was los im Laden. Dralle Frauen im Trainingsanzug. Graue Frauen in grauen Popelinejacken. Ein Alter mit karierten Pantoffeln an den Füßen. Jungens im Trikot von Newcastle United. Tätowierte Männerarme, die nach der Essigflasche greifen, um ihre Chips damit zu würzen. Und Dave wird auch noch kommen.

Hinter der Theke sind sie nun zu dritt: Jeff, seine Frau Angela und die Angestellte Carol. In den Fritteusen zischt und schmurgelt es, das Einwickelpapier knistert. Einwickelpapier! Es sind keine Zeitungen mehr, die zum Verpacken benutzt werden, da sind mittlerweile die Hygienebestimmungen vor. Fish and Chips ißt der Brite heute ohne Druckerschwärze. »Are you alright, Maggie?« – »Yes, aha, it's a luffly day.« So reden sie hier, und alle reden mit. »Dit dit«, sagt die Kasse und »rums«, wenn die Lade zurückgestoßen wird. Die Maschine, die aus Kartoffeln Chips macht, brummt gemütlich, und wenn Kohlen nachgefüllt werden, dann rumpelt es. Kohlen? Fish and Chips werden in Großbritannien längst mittels Gas oder Strom hergestellt; nur ein paar Ladenbesitzer, die noch so arbeiten wie damals in den Zeiten des Charles Dickens, als die ersten Shops entstanden. Jeff Field ist einer von denen. Er schwört auf seinen Kohleherd und sagt, wirklich gute Fish and Chips ließen sich nur auf Feuer herstellen.

Kohleherd ist natürlich ein viel zu banaler Ausdruck für die Anlage, die den Charme einer antiquierten Dampflok hat und auch so selten ist. Ein Liebhaberstück, für das Leute schon Zigtausende von Pfund geboten haben. Manche wollten auch nur das ausladende Glasbild, das über dem Ganzen thront. Mag man sich anderswo einen röhrenden Hirschen übers Sofa hängen, Jeff Field hat eine liebliche Landschaft mit Windsor Castle, Themse und Wanduhr über seinen Fritteusen und Warmhalteboxen. Es ist dies der Schatz, mit dem er Furore machen könnte – zum Beispiel, wenn sein Laden an der Uferpromenade in Blackpool stünde. Oder doch wenigstens in Beamish auf dem Gelände des viel besuchten Bergwerksmuseums. »Der letzte *Chippy*, der noch auf Kohle brät, und alle kämen sie gelaufen.« So träumt Jeff, und in diesem Traum ist er ein anderer – ein Artist, der über zwei siedendheißen Fritteusen mit fünfzig glitschigen Stücken Kabeljau gleichzeitig jongliert und endlich, endlich einmal ausgelastet ist.

Aber der tonnenschwere Schatz des Jeff Field liegt in einem Ort von weniger als viertausend Einwohnern, wo sich nur selten ein Tourist hin verirrt. Er liegt da seit 1931. Das war das Jahr, als sich Jeffs Urgroßvater William in der Durham Road niederließ. Old Bill, wie sie ihn nannten, war eigentlich Maurer in einer Zeche des Nachbarorts Cornsay, aber eines Tages hatte er genug von der Maloche unter Tage. Die Küste nicht weit, der Kabeljau billig – bald hatte er seinen ersten Laden, dann den zweiten. Das war, nachdem er mit einer verrückten Wette beim Pferderennen eine Stange Geld gewonnen hatte. Aber dann machte in Cornsay die Zeche zu, und Old Bill tauschte seine beiden Läden gegen einen anderen in Esh, wo noch genug Kohle zu gewinnen war, weshalb dem Ortsnamen das »Winning« hinzugefügt wurde. Esh Winning, das klang wie ein Erfolgsrezept – und war's das vielleicht nicht? Der Laden florierte, erst unter Old Bill, dann unter Tom, schließlich unter Jeffs Vater Harry. Und heute?

Es gibt keine Zechen mehr in Esh Winning. Die letzte hat 1968 dichtgemacht. Das Kohlezeitalter lebt hier nur noch in der Erinnerung, in den Staublungen, die sie sich unter Tage geholt und in den Sitten, die sie beibehalten haben. Dazu gehört die Portion Fish 'n' Chips am Freitag, denn Freitag war früher Zahltag in den Zechen. Da saß das Geld in den Taschen der Kumpels lockerer als sonst, und die Begriffe Pizza oder Chop Suey waren noch Fremdworte. Lange vorbei, doch Gewohnheit ist Gewohnheit, und weil das so ist, haben die Fields freitags immer noch einen zusätzlichen Helfer im Laden. Bill heißt er, ist Ire, 88 Jahre alt, stocktaub und Weltmeister in einer Sportart namens Quoit. Das ist nicht übertrieben, denn Quoit, eine Art Hufeisenwerfen, wird nur hier in der Grafschaft Durham gespielt, wo Bill in seinen großen Zeiten angeblich unschlagbar war. Inzwischen sind die Zeiten nicht mehr ganz so groß, Bill ist dafür zuständig, die Augen aus den Kartoffeln herauszuschneiden, bevor sie in die Chipsmaschine gefüllt werden – und als Lohn bekommt er dafür eine Gratismahlzeit.

Um 13 Uhr wird das Feuer für die Mittagspause gelöscht, um 16 Uhr wird es wieder angemacht. Ein bißchen Paraffin, eine Hand voll verbrutzelter Panierflocken, die Jeff am Vormittag aus dem Bratfett gefischt hat – und schon brennt es. Um 16.30 Uhr ist der Laden wieder auf. Dave müßte jetzt bald kommen. Dave, von dem Jeff sagt: »Wenn ich einen Preis vergeben sollte für unseren treuesten Kunden, dann würde er ihn kriegen.« Seit 55 Jahren kommt Dave jeden Tag und holt sich seine Portion Fish and Chips, am Samstag eine doppelte, damit er auch am Sonntag nicht auf seine gewohnte Mahlzeit verzichten muß. Und wenn er gerade heute wegbleibt? Da lacht Jeff und schüttelt den Kopf: »Wenn der nicht kommt, dann stelle ich mich mit nacktem Arsch ins größte Kaufhaus von Newcastle.« Aber erst mal kommt Harry. Harry Field, Jeffs Vater.

Ist ja ein Familienbetrieb, und da hat der Senior natürlich lebenslanges Recht auf Herdbenutzung. Harry Field hat hier fast vierzig Jahre gestanden, dem muß keiner erklären, wie man sein Abendbrot brät. Er kennt jeden einzelnen Handgriff im Schlaf, weiß, wo die Fischfilets stehen, wo die Panierpampe, und ob man die Glut dämpfen oder schüren muß. Es ist alles wie immer – und doch ganz anders. Harry Field hat die Zeiten noch erlebt, als sie draußen auf der Durham Road in langen Schlangen vor dem abgedunkelten Laden standen. Als sie mit großen Körben kamen, um für die Nachbarn gleich mit einzukaufen. Als Churchill Fish und Chip die »guten Kameraden« nannte und seine Regierung sehr genau wußte, warum sie den Shops die Rationierungen weitgehend ersparte, und zum Beispiel Harrys Vater Tom den Kriegsdienst. Der wurde nämlich wie all die anderen Besitzer von Fish-'n'-Chip-Shops an der Heimatfront gebraucht, um die hungrige Bevölkerung zu ernähren.

Harry war da noch Schüler, aber nach der Schule half er seinem Vater im Laden, so wie sein eigener Sohn Jeff später bei ihm das Gewerbe lernen sollte. Jeff lernte bei seinem Vater nicht nur das Braten, sondern auch das Fangen von Fischen. Harry hatte einen Trawler, und mit dem ging er selber raus aufs Meer, weil er das spannender fand, als immer nur im Laden zu stehen. Jeff nahm er mit. Den Lehrern war's egal, der Junge war keine Leuchte in der Schule, und man wußte ja, daß er mal den Laden übernehmen würde. Schellfisch fingen sie, Seezunge, Krabben, aber wenig Kabeljau. Den mußten sie zukaufen, weil die Kumpels im Ort nichts anderes essen wollten als das, was sie gewohnt waren. Kabeljau damals: Das waren noch richtige Kaventsmänner, schwere, lange Fische, und die, sagt Harry, seien ihm nur frisch in die Pfanne gekommen. Und der Geschmack? »Einfach phänomenal.«

So schwärmt er, der alte Mann, während er sein Abendbrot verpackt, das nun freilich aus Fisch besteht, der gefroren war. Ist alles ein bißchen anders geworden, seit er vor elf Jahren seinem Sohn den Laden übergeben hat. Heute herrschen auf dem Meer nicht mehr die kleinen Fangschiffe, sondern die Supertrawler, die über die Fischgründe gehen wie mit dem Staubsauger und alles einfrieren. Jeff tut sich immer schwerer, frischen Fisch zu bekommen; was er im Laden brät, ist bereits überwiegend gefrorenes Zeug, das er selber nicht essen würde –

zu wässrig, zu wenig Geschmack. Harry hätte damals lieber den Laden zugemacht als gefrorenen Fisch zu verwenden, aber wenn es denn so etwas gibt wie die reine Fischbraterlehre, dann sind ihre Anhänger ohnehin längst sündig geworden. Jeffs großer Sündenfall war vor sechs Jahren.

Da hat er das Reklameschild geändert, das draußen über dem Eingang hängt. Früher stand da, so wie es sich gehört: »Traditional Fish 'n' Chips«. Seit 1994 heißt es: »Traditional Fish 'n' Chips & Pizzas etc.« Jeff hat es nicht gerne getan. Vermutlich hat er den Zusatz als Niederlage empfunden, als Verrat an der Familientradition und eben an der reinen Lehre, die besagt, daß ein Fischbrater Fisch brät – und sonst nichts. Jeff aber brät und backt, ganz im Sinne des »etc.«, so ziemlich alles, was die Kunden wollen – und sei es, daß die jungen unter ihnen nach panierten und im Rinderfett gebratenen Schokoriegeln der Marke Mars oder Snickers verlangen. Da verzieht sich sein Gesicht zu einem Ausdruck, der besagt, daß so etwas eigentlich als Geschmacksverirrung verboten gehört – aber wenn der Kunde nun mal König ist?

Ob Cheeseburgers oder Fischkuchen, Cornedbeefpastete, Pizza oder Krabbensalat, ob Hühnerbrüste mit Knoblauchsauce oder Sauce süßsauer – Jeff hat so ziemlich die ganze Fastfoodpalette im Angebot. »Mist«, sagt er dazu, aber so sehr ihm das alles auch zuwider ist – er braucht es. Denn anders als Old Bill, Tom und Harry arbeitet Jeff heute unter ziemlich schwierigen Marktbedingungen. Allein die Preise. Die Fischpreise haben sich in den letzten drei Jahren verdoppelt, klar, daß er da nachziehen mußte, zuletzt im April. Hühnerbrüste lassen sich billiger verkaufen als Fish and Chips. Und dann die Konkurrenz. Esh Winning mag ein Provinzkaff sein, aber es hat noch vier andere Take aways, wo man sich Essen holen kann – einen Chinesen, einen Pizzashop und zwei weitere Fischbrater.

19.15 Uhr. Dave ist da. Also leider doch kein Menschenauflauf in Newcastle, vielmehr ein rührender Beweis für Anhänglichkeit in schnellebiger Zeit. Mag sich die Zahl der Kunden im Vergleich zu den Zeiten seines Vaters auch um zwei Drittel reduziert haben, mag er von dessen Rekordverkäufen – 52 *stone* Fisch an einem einzigen Abend – auch nur träumen, Stammkundschaft hat Jeff nach wie vor, und Dave ist gewissermaßen ihr harter Kern. Das heißt, nicht wirklich hart, denn der Bauch, der sich über der Jeans hervorwölbt und sich jetzt gerade an die Theke schmiegt, ist wahrscheinlich ganz im Gegenteil so weich wie die gut durchgebratenen Kabeljaufilets, die ihn in all den Jahren gerundet haben. Der Treueste der Treuen. Der wahrscheinlich gar nichts weiß von der Hochachtung, die Jeff ihm entgegenbringt. 55 Jahre. Man könnte ausrechnen, wie viele Portionen Fisch das sind. »Laß dir's schmecken«, sagt die Bedienung. »Aber klar doch«, sagt Dave und humpelt raus auf die Straße. Er hat schlechte Knie.

Draußen kommen zwei Mädels am Shop vorbei. Jeff steht in der Tür. »Na, was habt ihr vor?« – »Uns betrinken.« Friday Night Fever in Esh Winning. Viele Möglichkeiten gibt es nicht. Der McKenna's Sports and Social Club lockt mit einem »männlichen Stripper« als Hauptattraktion einer »Ladies Nite«. Früher gab es noch die Miners Memorial Hall, also die Versammlungshalle der Bergleute, als

Treffpunkt, doch der schöne Bau aus der vorletzten Jahrhundertwende ist nahe am Verfall. Vier Pubs hat der Ort, und so lange die aufhaben, wird auch Jeff nicht schließen. Zecher saufen nämlich nicht nur. Gegen 22 Uhr kommt noch mal ein Schub. Dann wird es wieder ruhiger. Die Gezeiten eines Fish-'n'-Chip-Shops. Es wirkt, als werde es immer so sein, nächsten Freitag, nächstes Jahr, und vielleicht auch dann noch, wenn Jeff seinen Laden längst seinem Sohn Danny übergeben hat. Doch das ist wohl eine Täuschung.

In Britannien gab es mal dreißigtausend Fischbrater. Heute sind es nur noch 8500. Das sind immer noch achtmal mehr, als es McDonald's-Läden gibt, aber der Trend geht nach unten, und einer in Esh Winning spürt es. »Jedes Jahr scheinen es weniger Kunden zu sein«, sagt Jeff, aber er mag den Gedanken nicht zu Ende denken, und deshalb fügt er schnell hinzu: »Fish and Chips sind doch eine nationale Institution, die werden immer gekauft werden.« Klingt da ein Ausrufezeichen mit? Oder doch mehr ein Fragezeichen? Hinten im Hof steht noch die alte gußeiserne Kartoffelschälmaschine seines Urgroßvaters, die hat sich über die Generationen hinweg gehalten und funktioniert immer noch. Daneben hat sein Vater gesessen und die Fische zurechtgeschnitten. Jeff hat sich das Bild eingeprägt. Hof, Laden, die Wohnung darüber: die Welt einer kleinen Fischbraterdynastie. Noch ist die Linie ungebrochen.

Spät abends, da geht es schon auf Mitternacht, stolpert noch eine Blonde in den Shop. Barfuß. Betrunken. »Where have you been, luff?« Mit einem Brötchen mit Knoblauchbutter und Chips zieht sie wieder ab. Dann ein Dicker: »Noch Chips da?« Aber ja, das alte Feuerwerk des Jeff Field ist geduldig. Neulich hat Angela, seine Frau, mal bei der Herstellerfirma in Halifax angerufen. Die wollten sich kaum einkriegen, als sie hörten, daß einer dieser Dinosaurier noch am Leben ist. Eine richtige Entdeckung. Aber Jeff kann sich dafür nichts kaufen. Was der bräuchte, simsalabim, ist eben dieser tolle neue Standort, wo die Entdeckung auch zur Geltung käme. Nicht so einer wie Esh Winning, wo niemand mehr gewinnt, seit die Zechen zu sind. Doch die Idee Bergwerksmuseum hat sich zerschlagen. Auch in Durham, der benachbarten Stadt, ist Jeff nicht fündig geworden. Er sagt: »Ich habe alles, was es braucht – aber am falschen Ort.«

Dann holt er sich ein Dosenbier, geht zurück zur Eingangstür, lehnt sich an den Rahmen und blickt die Durham Road hinunter. Nirgendwo ein Licht mehr zu sehen. Esh Winning schläft. Kabeljaumäßig gut genährt, sind sie alle zur Ruhe gegangen, die Jackys, Maggies und Daves, und natürlich auch Bill, der Weltmeister. Gleich wird Jeff »Geisterstadt« murmeln und die Tür schließen.

Oktober 2000

Dabei sein ist nichts

Oxford gegen Cambridge, ein Bootsrennen seit 171 Jahren

Ovid. Vergil. Horaz. Oha, denkt man irritiert mit Blick auf die im Büro des Boris Rankov aufgereihten römischen Klassiker und erinnert sich mit Schrecken an seinen Lateinunterricht. Homer. Griechisch auch noch. Aber dann fällt unser Blick zwischen all den Büchern auf ein Bild, auf dem zwei Ruderboote zu sehen sind, keine altgriechischen, sondern moderne, schnittige Achter. Wir sind also doch richtig bei dem Versuch, uns dem *boat race* gleichsam von hinten zu nähern – von seiner Geschichte her. Die reicht zurück bis ins frühe 19. Jahrhundert, und wenn sie auch nicht gar so dramatisch gestrickt ist wie, sagen wir, die Abenteuer des Odysseus, so ist sie doch prall gefüllt mit Triumphen und Niederlagen, mit Helden und Versagern und natürlich auch mit Schurken. Wer Held ist und wer Schurke, ist freilich nicht immer eindeutig auszumachen – das hängt davon ab, ob die Geschichte in Oxford oder in Cambridge erzählt wird. Boris Rankov ist so ein Zweifelsfall.

Es ist alles ein bißchen her, und die Studenten am Royal Holloway College bei London werden keine blasse Ahnung haben, daß der freundliche Altphilologe, der ihnen die römische und griechische Geschichte nahezubringen versucht, einst selber Schlachten auf dem Wasser geschlagen hat –

wenn auch nicht gerade in der Ägäis, sondern nur auf der Themse. Das war Ende der siebziger, Anfang der achtziger Jahre, als der junge Boris in Oxford Latein und Griechisch studierte und nebenbei ruderte. Nebenbei, das schreibt sich so leicht. Als wär's ein nettes Freizeitvergnügen. Wo es doch in Wahrheit Folter ist. Folter, die sich lohnen kann oder auch nicht. Im Fall des Boris Rankov hat sie sich mehr als gelohnt. Sechsmal hintereinander hat er als Mitglied der Oxfordcrew das traditionelle Achterrennen gegen Cambridge gewonnen, ein Rekord, der bis heute unübertroffen ist. In Oxford wurde er damit zur Legende. In Cambridge zur Haßfigur.

Immer wieder diesen langen und bärenstarken Kerl zu bringen, das sei doch nicht fair, schäumten sie in Cambridge – und sei der überhaupt noch Student und nicht schon längst Dozent? So jammerten und klagten die verbitterten Rivalen, bis schließlich die Regeln geändert und Boris Rankov nach seinem letzten Sieg 1983 ausgemustert wurde. »Die waren richtig paranoid wegen mir«, erinnert sich Rankov, »die sahen mich als die psychologische Barriere, die sie daran hinderte, die Serie von Niederlagen zu durchbrechen.« Mit psychologischen Barrieren allerdings verhält es sich so, daß die sich mal dem einen, mal dem anderen in den Weg stellen, und derzeit ist es dummerweise so, daß Rankovs Nachfolger in Oxford mit einer solchen zu kämpfen haben, seit 1993 schon. Sieben Niederlagen in Folge, das ist bitter, aber andererseits: Es ist Frühling, und wenn im Süden Englands die Bäume ausschlagen, dann wachsen auch wieder die Hoffnungen der Verlierer vom letzten Jahr, diesmal das Blatt zu wenden. Frühling ist *boat race time,* seit ewigen Zeiten: An diesem Samstag um 16.10 Uhr findet auf der Themse in London das 146. Achterrennen statt.

Viel geändert hat sich in all den Jahren nicht. Noch immer sind es Studenten, die gegeneinander antreten, und zwar nicht des Geldes, sondern der Ehre wegen. Noch immer wird auf diesem s-förmig gewundenen, vier und eine viertel Meile langen Stück Themse gerudert, diesem in den Worten von Boris Rankov »absolut bekloppten Kurs«, wo die Bahnen nicht markiert und Wind und Wetter und Strömung mitentscheidende Faktoren sind. Eigentlich eine Verrücktheit und doch eine Institution. So wie man in Wimbledon mal Erdbeeren gegessen und für Ascot Geld in einen Hut investiert haben muß, so muß man irgendwann auch mal beim *boat race* gewesen sein. 250.000 sind es, die Jahr für Jahr in den Südwesten der Hauptstadt kommen, sich am Ufer versammeln oder auf der Putney Bridge, wo das Rennen traditionell gestartet wird. Sechs Millionen Briten sehen das Rennen am Fernseher, vierhunder Millionen sind es in aller Welt. Vierhundert Millionen – und das wegen ein paar Studenten, die 16 Minuten lang einen Fluß hinunter rudern?

Vielleicht ist es gerade die Verschrobenheit, die die Leute anzieht. Diese merkwürdige Mischung aus verstaubter Tradition und hochmotivierten, hochtrainierten, jungen Athleten. Ausgewählt aus den Ruderern der verschiedenen Colleges in Oxford und Cambridge, plagen sie sich neben dem Studium sechs Stunden am Tag, sechs Tage in der Woche, sechs Monate im Jahr. Sie verbringen kalte, graue Wintermonate übenderweise auf dem Fluß, und am Ende, wenn sie antreten für das große Rennen, dann haben sie sechstausend Trainingskilometer hinter sich. Sie lassen ihr Leben nicht nur von den Trainern bestimmen, sondern auch von Ärzten, Psychologen, Physiotherapeuten und Ernährungswissenschaftlern. Doch dann kommt man nach Cambridge ins Bootshaus, und es ist, als wäre man fern der realen Welt in einem Tempel für vergangene Ruderheroen gelandet. Die Wände im Captain's Room sind von oben bis unten mit Holzplättchen getäfelt, auf denen in Goldschrift sämtliche Crews aufgeführt sind, die je für Cambridge im *boat race* gerudert sind – vom ersten Rennen 1829 bis zum letzten 1999.

1829: Victoria, die spätere Königin, war da noch ein Mädchen von zehn Jahren. Zwei Jahre später fiel das Rennen aus, weil in London die Cholera wütete. Als sich das *boat race* dann als ständige Einrichtung etabliert hatte, ging ihm jeweils ein beinahe höfisches Ritual voraus. Ein paar Wochen vor dem Rennen traf man sich, und wenn es auch kein Fehdehandschuh war, der dem anderen vor die Füße geworfen wurde, so klang es doch so ähnlich, wenn der Präsident des im Vorjahr unterlegenen Ruderclubs seinen Gegner »zu einem Rennen in Booten mit acht Rudern über die Meisterschaftsstrecke« forderte und fragte: »Akzeptieren Sie meine Kampfansage?« Bis heute hat sich die alte Formel erhalten. Tradition, Überlieferung, Historie: Kein Wunder, daß ein neuseeländischer Journalist in einem Interview mit Boris Rankov beinahe vor Ehrfurcht erstarrte, als der ihm erklärte, wie alt das Rennen ist. »So alt?« fragte er ungläubig zurück, »das ist ja älter als Neuseeland!«

Jedenfalls alt genug, um richtige Ruderdynastien hervorzubringen. So hatte ein gewisser W. Graham unter seinen Nachfahren nicht weniger als neun Rennteilnehmer – vier Urenkel, vier Ururenkel und einen Urururenkel. Beim langjährigen *Boatrace*-Chronisten Richard Burnell läßt sich das nachlesen. Der wußte alles über die Blues, wie man sie nennt, die Dunkelblauen aus Oxford und die Hellblauen aus Cambridge. Er wußte, wann welches Boot gesunken war, wer wie oft gewonnen hatte, welcher der kleinste Steuermann war und welches die schwerste Crew – und doch konnte er sicher sein, daß es irgendwo in der Welt immer noch einen gab, der es besser wußte, in Westsamoa etwa oder in Sambia. Kardinäle, Botschafter und Richter sind als Studenten im *boat race* gerudert, einmal sogar ein australischer Premier. Und wenn eine Universität Glück hatte, dann hatte sie auch mal einen Olympiasieger in ihrer Crew. Ganze Quizsendungen ließen sich mit dem *boat race* bestreiten. Frage: Wer war 1950 Steuermann im Cambridge-Achter? Antwort: Antony Armstrong-Jones. Antony who? Nie gehört, den Namen? Später machte er als Fotograf, mehr aber noch als zeitweiliger Ehemann der Prinzessin Margaret von sich reden. Da kannte man ihn als Lord Snowdon.

Snowdon hat gewonnen damals. Simon Harris hat verloren. Zweimal verloren. 1982 und 1983. Auch er, der 39jährige Marineingenieur, ist ein Veteran des *boat race*, und einerseits hat es ihm durchaus eine Menge gegeben. Im Rhythmus der Ruderschläge als Teil einer menschlichen Präzisionsmaschine pfeilschnell dahin zu schießen, eins zu sein mit den anderen Athleten im Boot, jenseits der Schmerzgrenze nur die Energie zu spüren und nicht die Anstrengung, die es kostet, sie zu erzeugen – dieses Gefühl, findet er noch heute, sei mit nichts zu vergleichen, »mit wirklich nichts«. Andererseits: Es waren Niederlagen, denn es war die große Zeit des Boris Rankov. Harte und bittere Niederlagen, über die Harris sagt: »Ich habe versucht, sie zu vergessen. Sie stellen keine schöne Erinnerung dar.«

Was aber erst bei sieben Niederlagen in Folge? Sechs Monate haben sie in Oxford schwer gearbeitet – hat es gereicht? »Ich kann nur hoffen«, sagt grüblerisch Steven Royal, der Technische Direktor im Oxford University Boat Club, »daß wir genug getan haben, damit die Jungs es diesmal packen.« Sean Bowden, der Trainer, sagt: »Noch mehr trainieren wär' nicht möglich gewesen.« So reden sie und werfen manchmal einen Blick auf die Wände ihres Arbeitszimmers, wo säuberlich gerahmt die Urkunden hängen, die in Wort und Bild die Erfolglosigkeit der letzten Jahre dokumentieren. Royal ist schon lange dabei, in den achtziger Jahren hat Oxford unter seiner Regie eine beeindruckende Siegesserie hingelegt. »Das Wort Niederlage«, sagt er, »gehörte damals überhaupt nicht zu unserem Wortschatz.« Heute weiß er, »wie Cambridge sich in all den Jahren gefühlt hat – es ist verdammt schmerzhaft.«

Man muß es noch einmal sagen: Auf dem Spiel steht beim *boat race* nur die Ehre, doch die scheint hier schwerer zu wiegen als anderswo die Millionenprämien. Cambridge und Oxford, die beiden alten Eliteuniversitäten, sind Rivalen in jeder Hinsicht – akademisch und in Dutzenden von Sportarten, doch am schärfsten kommt die Rivalität alljährlich im Achterrennen zum Ausdruck. Da spitzt sie sich zu einem »einfachen Gladiatorenkampf« zu, wie Robin Williams, Trainer in Cambridge, das nennt. Es mögen die letzten wirklichen Amateure sein, die beim *boat race* gegeneinander antreten, aber: Das Dabeisein ist nichts, der Sieg alles. Mit einem zweiten Platz kann man sich nicht trösten, er ist die Niederlage. Deshalb der Schmerz, den Steven Royal empfindet, deshalb der »Haß« auf das Hellblau der Cambridgeleibchen – dieses »Enteneigrün«, dessen Anblick ihm den Magen umdreht.

In Cambridge gehen sie mit dem Oxforder Marineblau sehr viel entspannter um, Kunststück: Die leben vom Selbstvertrauen der Sieger. Zwar setzen sich die Crews jedes Jahr neu zusammen, doch das Sieger- oder Verliererimage vererbt sich. Allerdings merkt man es in diesen letzten Tagen vor dem Rennen nicht so, und das liegt daran, daß Oxford eine schwerere und physisch beeindruckendere Crew ins Rennen schickt. Man weiß das seit der Wiegeprozedur am Montag, mit der traditionell das *hullabaloo* der letzten Woche eröffnet wird, wenn beide Crews unter den Augen der Sportpresse auf der Rennstrecke trainieren. Dann sieht man den weißbärtigen und schon etwas kurzatmigen Geoffrey Page am Ufer der Themse, wie er sich von jüngeren Kollegen ins Presseboot helfen läßt. Mit siebzig Jahren und einem verstauchten Knöchel ist das alles nicht mehr so einfach – aber er gehört dazu. Geoffrey ist selber eine Institution. Seit den sechziger Jahren berichtet er für den *Daily Telegraph* über das *boat race*.

Der Mann hat sie alle miterlebt, die Heldensagen und Tragödien der letzten dreißig Jahre, zum

Beispiel, wie 1980 im Oxfordboot der Bugmann kollabierte, aus dem Achter ein Siebener wurde – und trotzdem knapp gewann. Und diesmal, Geoffrey? Wir fahren neben dem Oxford-Achter her, Geoffrey hantiert mit seiner Stoppuhr und macht sich ein paar sparsame Notizen. »Besser als erwartet«, murmelt er bedächtig, aber zu einer Prognose läßt er sich nicht hinreißen. Am nächsten Tag wird im *Daily Telegraph* stehen, daß mit einem faszinierenden Kampf zwischen dem Oxforder Säbel und dem Cambridger Florett gerechnet wird, die einen wuchtiger, die anderen eleganter – was einer halt so schreibt, wenn er auch nicht weiß, wie's ausgeht. Als sich die beiden Achter und die sie begleitenden Boote der Trainer begegnen auf dem Fluß, da kann man sehen, wie die aus Oxford mit Todesverachtung und mit starrem Blick voraus die Konkurrenz passieren. Cambridges Coach Williams hingegen wirft einen langen Blick hinüber, guckt und guckt selbst dann noch, als die Dunkelblauen im grauen Wasser der Themse kaum mehr zu sehen sind.

Guckt so ein Sieger? Die Wahrheit ist wohl, daß hinter dem Siegerimage in Robin Williams eine große Angst schlummert. Es ist die Angst, daß die Erfolgssträhne abreißen könnte. Was er über seine Ruderer sagt, gilt nämlich auch für ihn selber: »Mit einer Niederlage im *boat race* lebt es sich nur sehr schwer.« Er selber könnte weitermachen, könnte versuchen, die Scharte wieder auszuwetzen, aber die meisten seiner Jungs hätten wahrscheinlich ein für allemal verpaßt, was als die Chance ihres Lebens gilt. Etwa sechshundert Ruderschläge sind es vom Start im Stadtteil Putney bis zum Finish in

Mortlake, wo nichts wartet außer einer Erinnerung fürs Leben. In Cambridge werden sie anschließend im Captain's Room wieder ein Holztäfelchen anbringen mit den Namen der Crew und dem Zusatz gewonnen oder verloren – je nachdem, ob der Allmächtige ihr Gebet erhört hat. Es geht so: »Lieber Gott, laß Oxford das *boat race* gewinnen – aber bitte nicht in diesem Jahr.«

März 2000

Ein Klang von hartem Pflaster

Penny Lane, jedem im Ohr, jedem vor Augen

> *»On the corner is a banker with a motorcar,*
> *the little children laugh at him behind his back.*
> *And the banker never wears a mac,*
> *in the pouring rain, very strange.«*

Die Sekretärin ist genervt. Mr. McIntosh sei sehr beschäftigt, sagt sie, und was ich denn wolle? »Haben Sie überhaupt ein Konto bei uns?« Habe ich nicht, aber dann werde ich doch vorgelassen zum Manager der Lloyds TSB Bank im Süden Liverpools. »Freut mich«, sagt er, zieht seine Visitenkarte hervor und deutet auf den Stuhl vor seinem Schreibtisch. »Wird nicht lange dauern«, sage ich, »im Grunde habe ich nur eine einzige Frage.« – »Keine Hemmungen, nur heraus damit.« Terry McIntosh ist ganz jovialer Gastgeber. Ich nehme meinen Mut zusammen. »Wie erklären Sie es sich, Mr. McIntosh, daß sich die Kinder hinter Ihrem Rücken über Sie lustig machen? Und warum tragen Sie im strömenden Regen nie einen Regenmantel?«

Die Irritation auf dem Gesicht meines Gegenübers dauert nur einen kurzen Augenblick. Dann macht sie einem befreiten Lachen Platz. Es ist ein Lachen, wie es sich einstellt, wenn einem klar wird, daß es offenbar doch kein Irrer ist, den man da vor sich hat. »Ach, das Beatleslied.« Er lacht noch immer. »Sie glauben gar nicht, wie viele Touristen wir hier dauernd haben, die die Bank fotografieren wollen. Vor allem Japaner.« Dabei ist es gar nicht mal sicher, daß es diese Bank war, die in den sechziger Jahren Paul McCartney zu seinem exzentrischen Banker inspiriert hat. Früher nämlich gab es an dieser Stelle, wo die Penny Lane in einen unübersichtlichen Kreisverkehr namens Smithdown Place mündet, noch zwei andere Banken. Aber spielt das eine Rolle? Bank ist Bank, Beatlestouristen sind keine Wissenschaftler, und Terry McIntosh muß nicht wirklich fürchten, mit der Witzfigur aus dem Song verwechselt zu werden. Die wäre, wenn es sie gäbe, längst im Ruhestand.

Penny Lane hingegen gibt es also wirklich. Es gibt sie als Straße, und es gibt die Gegend drumherum, die man nach ihr benannt hat. John Lennon und George Harrison sind hier zur Schule gegangen, Paul McCartney hat in der Kirche von St. Barnabas im Chor gesungen, und später, da war er 24 Jahre alt und bereits weltberühmt, hat er seine Kindheitserinnerungen zu dem Lied »Penny Lane« verarbeitet. So entstand ein Wallfahrtsort. Die Gläubigen kommen entweder auf eigene Faust, oder sie kommen im Bus der offiziellen Beatlestour. Zweimal am Tag hält er unten an der Einfahrt zur Penny Lane, und dann kommen sie alle heraus zu der Stelle, wo man den Straßennamen schwarz auf weiß auf eine Mauer gemalt hat (Schilder werden schon lange nicht mehr angeschraubt, sie wurden eh nur geklaut) und filmen und fotografieren sich gegenseitig. Anschließend biegt der Bus in die Straße, drinnen ertönt das Lied, und nach zwei Minuten fährt er wieder heraus. Die Penny Lane ist ja nur anderthalb Kilometer lang, und die Tour hat noch andere Attraktionen im Programm.

Schwer zu sagen, ob die Straße das übelnimmt. Vermutlich schon. Nicht, daß sie sich extra herausgeputzt hätte – das nicht. Penny Lane, welche eine typische englische Vorstadtstraße ist, kleine Reihenhäuser, kleine Läden, ist im Gegenteil eher ein bißchen schäbig und heruntergekommen. Aber einige Häuser haben sich durchaus angestrengt. Die Bäckerei hat in schwungvollen Buchstaben die Worte Penny Lane Cakes auf ihrem Schaufenster anbringen lassen, der Waschsalon ist nicht etwa nur ein Waschsalon, sondern nennt sich Penny Lane Wash'a'rama, und auf der grün-weißen Markise von Penny Lane Fruit & Veg steht der Name Pete Best. Das wirkt, als würde der Urbeatle Best, als Schlagzeuger einst der Vorgänger von Ringo Starr, hier auf seine alten Tage Obst und Gemüse verkaufen. In Wahrheit freilich war es nur ein Gag des zeitweiligen Besitzers Peter, der dachte, ohne das r, aber mit dem Best, also mit ein bißchen Star-Appeal ließe sich der Verkauf von Bohnen und Bananen ankurbeln. Leider war das jedoch nicht der Fall, nach ein paar Jahren gab Peter den Laden wieder auf – Pete Best auf der Markise aber blieb.

Der Touristenbus ignoriert das alles. Er ignoriert auch die Penny Lane Wine Bar am oberen Ende der Straße, obwohl die sich als »weltberühmt« anpreist und sämtliche Strophen des Songs auf ihre Fassade hat pinseln lassen. Und selbst die Dovedale Towers werden vom Tour Guide nur mit einer kurzen Bemerkung im Vorüberfahren bedacht. Das ist der Pub in der Straße und hat früher, als er noch unter der Regie der Kirche stand und St. Barnabas Hall hieß, schon mal als Bühne gedient für die Quarry Men – John Lennons erste Band, die Vorgängerin der Beatles. Jetzt ist es in der Kneipe eher still, Ray hat schon ein paar Cola mit Rum getrunken, und Hiki, der Wirt, sitzt mit einem Pint neben ihm am Tresen. Wenn man es denn philosophieren nennen kann, was die beiden tun, dann ist es ein Philosophieren über die Ungerechtigkeit der Welt. »Wären wir in Amerika«, sagt Ray bitter, »dann hätte man hieraus längst eine millionenschwere Attraktion gemacht, mit Kassenhäuschen an beiden Enden von Penny Lane.« Hiki nickt und nimmt noch einen Schluck.

Ist ja wahr: Da ist man Bewohner einer Straße, die vier *local boys* weltberühmt gemacht haben, doch der Weltruhm weigert sich gemeinerweise bis heute, zu ihnen durchzudringen. Die alten, zerfledderten Musikzeitschriften aus den sechziger Jahren, die Ray aufbewahrt hat – sollten die wirklich schon alles gewesen sein? Macht Spaß, zum Beispiel den *Record Mirror* vom 8. Mai 1965 anzusehen, die »Top-50-Charts« durchzugehen und auf Platz eins, nein, nicht die Beatles, sondern Herman's Hermits zu finden mit »Mrs. Brown you've got a lovely daughter«, aber die Beatles mit »Ticket to Ride« gleich dahinter. Nur: Für jemanden wie Ray, der ja auch zur Szene gehört hat, machen die Blätter schmerzhaft die Entfernung deutlich – die zwischen Erfolg und, na ja, wie soll man es nett sagen? Es ist nämlich so, daß Ray früher auch in einer Band gespielt hat. »The Granadas« nannte sich die. Sie war auf spanische Tanzmusik spezialisiert, und zeitweilig, sagt Ray, hätten sie für einen Auftritt mehr kassiert als die Beatles. Zeitweilig.

»In Penny Lane there is a barber showing photographs, / of every head he's had the pleasure to know. / And all the people that come and go, / stop and say hello.«

Heather und Jane, die beiden Friseusen, wollen Feierabend machen, und ein Kunde kurz vor Ladenschluß hat ihnen gerade noch gefehlt. Es stellt sich jedoch heraus, daß der Kunde glücklicherweise gar kein Kunde ist, sondern nur ein neugieriger Mensch, der sich für die Geschichte des Ladens interessiert, was sich dann jedoch als genauso lästig erweist, weil er gar nicht aufhört, Fragen zu stellen – und zwar vor allem nach einem gewissen Bioletti. Das soll der Friseur gewesen sein, der einst in diesem Geschäft den Kindern John und Paul und George die Haare geschnitten und so das Vorbild abgegeben hat für den Barber im Lied. Doch außen steht ein ganz anderer Name angeschrieben – »Tony Slavin«. Heather und Jane kennen sich nicht so aus, sie sind ja nur Angestellte, aber angeblich habe das Geschäft in den siebziger Jahren den Besitzer gewechselt. Ihr Chef jedenfalls heiße Slavin, so viel sei sicher. Verwirrend, das alles. Gott sei Dank lernen wir kurz danach George kennen.

George Hocker treffen wir vor dem Cakeshop beim Zeitungsaustragen. Ein langer, schlaksiger Mann, eigentlich längst in Rente, aber weil es ein bißchen Geld bringt und weil er in seinen ausgetretenen braunen Schuhen immer noch gut zu Fuß ist, trägt er jeden Nachmittag in Penny Lane das *Liverpool Echo* aus. Angefangen hat er einst als Schaffner auf der Buslinie 61. Manchmal fuhr er auf Bussen, die von einem Harold Harrison gelenkt wurden. Ein Mann, der immer viel Pomade im Haar hatte und meistens schlecht gelaunt war: der Vater des berühmten Beatle. George Hocker muß auch dem jungen Paul McCartney öfter begegnet sein, denn der liebte das Busfahren, vor allem den Platz auf dem oberen Deck, wo er beobachten und seinen Gedanken nachhängen konnte. Später hat er das in »A Day in the Life« beschrieben. George Hocker fuhr 17 Jahre auf Bussen, danach hat er 25 Jahre für die Stadtverwaltung Mieten eingetrieben. Er kennt Liverpools Straßen, und vor allem: Er hat noch Karten, Straßen- und Adressenverzeichnisse aus den fünfziger und sechziger Jahren.

Am nächsten Tag schleppt er welche davon in einer Plastiktüte an und sagt munter zum Reporter, jetzt werde System gebracht in die Recherche. Er steuert eine Drogerie an, wo es einen Fotokopierer gibt, und dann beginnt ein Nachschlagen, Kopieren und Vergrößern, ein Erklären von Namen, Straßen und Zusammenhängen, und als schließlich alles fertig ist, als die Unterlagen wieder ordentlich verstaut sind in der Plastiktüte, da fällt ihm ein, daß er noch mehr Kopien hätte machen sollen – für die vielen Beatlestouristen, die ihn immer Rat suchend auf der Straße ansprechen. Also beginnt alles noch einmal von vorne, zwischendurch streikt der Kopierer, George wird ärgerlich, die Verkäuferin muffig. Aber irgendwie kommt dann doch alles zu einem guten Ende, und das sieht so aus, daß wir nun eine Straßenkarte von Penny Lane aus dem Jahre 1954 besitzen, ferner ein Adressenverzeichnis von 1968, aus welchem amtlich und hochoffiziell hervorgeht, daß damals am Smithdown Place, also am Ende der eigentlichen Penny Lane, ein gewisser H. Bioletti einen Barbershop betrieben hat.

Also doch. In seinem Fenster hatte er angeblich eine Auswahl der Frisuren abgebildet, die anzufertigen er in der Lage war – Paul McCartney hat daraus in dichterischer Freiheit eine Fotoausstellung von Biolettis Kunden gemacht. Heute ist im Fenster – unter einem Plakat, das für Women's Kickboxing wirbt – ein Foto der Beatles. Das freilich stellt den einzigen Tribut an die Vergangenheit des Ladens dar, die durch die Umbenennung eher verschleiert ist. Jim sagt, er finde das blöd. Dieser Name, »dieser Rigolet … nein Bio … Bioletti« hätte doch unbedingt geschützt und erhalten gehört, es sei »silly« und »foolish«, einfach umzubenennen, was so eng mit der Zeit der Beatles verknüpft sei. Da seien doch die Amerikaner ganz anders – »Memphis, ha, da pflegen sie die Erinnerung an ihren Elvis«. Wieder so einer, den es ergrimmt, daß Penny Lane nichts gemacht hat aus sich, daß es eine Grauzone geblieben ist, tief in der Vorstadt – aber das wird sich ja nun alles ändern. Wir stellen vor: Jim Gough, den Erfinder des Penny Lane Millennium Green.

Erfinder ist vielleicht ein bißchen zu hoch gegriffen, und es gab ja auch noch andere, die eine Rolle gespielt haben. Der 81jährige Harold Hikins zum Beispiel, der ein Krüppel ist, aber als alter Kommunist seinen Kampfgeist nicht verloren hat. Jedenfalls war er einer der ersten, die protestierten, als Pläne bekannt wurden, Penny Lanes einzige grüne Lunge, die freie Grünfläche hinter den Dovedale Towers, zu Bauland zu machen. Da haben sie Protestplakate gemalt und sind auf der Penny Lane aufmarschiert, der Pfarrer war dabei, der örtliche Abgeordnete, und Harold Hikins auf seinen

Krücken vorneweg. Vier Jahre hat es gedauert, dann hatten sie ihren Kampf gewonnen. Das Freiland bleibt erhalten, und ein Teil davon wird in einen Park verwandelt, und zwar als eines der insgesamt 250 Millennium Greens, die im Land aus Anlaß der Jahrtausendwende angelegt werden. Langsam nimmt der Park Konturen an, und keiner wacht darüber engagierter und eifriger als Jim – und zwischendurch träumt er.

Er träumt von einer wunderschönen Grünanlage, wo der Touristenbus halten und die Beatlesfans aus aller Welt unter blauem Himmel Picknick machen und sich in Ruhe ihren nostalgischen Gefühlen hingeben werden.

»Penny Lane is in my ears and in my eyes. / There, beneath the blue suburban skies …« Er träumt davon, vielleicht eine kleine Bühne aufzustellen, wo Bands auftreten könnten, und natürlich denkt er auch an ein Café, einen Souvenirshop – und die Penny Lane Wine Bar käme dann vielleicht doch noch auf ihre Kosten. Jim, kein Zweifel, ist ein Romantiker, aber er ist doch nüchtern genug, um für unseren Spaziergang über Penny Lanes zukünftige Touristenattraktion einen Regenschirm mitzubringen, was sich als klug erweist, weil nämlich so gar kein Picknickwetter ist heute. Regnerisch ist es, aber um sich Cafés und Souvenirshops voller Beatlesfans vorzustellen, bedarf es auch aus einem anderen Grund großer Fantasie. Läden machen schon lange keine mehr auf in Penny Lane, im Gegenteil: Sie machen zu. Der Metzger, der Delikatessenshop, die Reinigung haben alle aufgegeben, der Schallplattenladen hat noch Beatlesposter im Fenster – aber die Tür ist verrammelt. Auch an einem Souvenirshop mit Bea-

tlesmemorabilia hat sich mal einer versucht – vergeblich.

Aber dem Enthusiasmus des pensionierten Ingenieurs Jim Gough kann das nichts anhaben, zumal er ja auch noch dauernd von seinem Freund, dem Pfarrer, gespeist wird. Vicar Ken Rowlands von St. Barnabas ist ein Hirte von der Art, wie ihn sich der Herrgott nur wünschen kann: fröhlich, herzlich, optimistisch, und daß er in seiner Kirche statt feierlicher Choräle Lieder von den Beatles spielen läßt, wird den Vorgesetzten im Himmel nicht weiter stören bei einem, der seine Schäfchen in Penny Lane wohnen hat. Rowlands war 25 Jahre alt, als das Lied Penny Lane auf den Markt kam, er war da gerade in seine spätere Frau Madeleine verliebt, und noch heute, sagt er, empfänden sie es als »ihr« Lied. Damals entstand der Wunsch, einmal die Pfarrerstelle in Penny Lane zu übernehmen – nicht nur aus Nostalgie, aber auch. Ende des Jahres werden acht neue Glocken aufgehängt im düsteren Turm von St. Barnabas, und wenn alles so kommt, wie Rowlands es plant, dann werden sie zur Erinnerung an John, Paul, George und Ringo schlagen. Oder zu Ehren von Linda – Pauls verstorbener Frau. Das weiß er noch nicht.

Penny Lane, Penny La-ha-ne: Ein Song wie ein vertontes Kinderbuch. Aber wie das eben so ist mit Kindern: Eines Tages hocken sie am Tresen der Dovedale Towers und trinken Cola mit Rum. Oder laufen mit einer Tasche voller Zeitungen auf ausgetretenen braunen Schuhen durch Vorstadtstraßen. Oder sitzen mit einem Journalisten in der Penny Lane Wine Bar. »Und wenn dann erst das Millennium Green ...«, läßt sich der eine hören und schwenkt Pläne für die Ausgestaltung des Parks. Der andere lehnt seine Krücken an den Tisch und setzt sich. Jeder Gang strengt Harold Hikins an. Er wie auch Jim Gough waren, anders als der Vicar, schon zu alt damals in den Sechzigern, um noch richtige Beatlesfans zu werden, aber sie haben ihre Lieblingslieder. Für Jim ist es »Hey Jude«, das hätten sie immer in der Halbzeit gespielt im Goodison Park, er sei nämlich Everton-Anhänger, Everton, nicht Liverpool, deshalb der Goodison Park – ja, und so sei ihm halt das Lied im Ohr geblieben. Für Harold ist es »When I'm sixty-four«.

Und dann kann man auf einmal zwei Männer sehen, einen kommunistischen alten Graubart mit einem Button für nukleare Abrüstung an der Jacke und einen etwas jüngeren, wie sie mit versonnenem Lächeln ganz entspannt ihre Oberkörper wiegen wie im Takt, wie es »Hey Jude« von der einen Seite kommt und »will you still need me, will you still feed me« von der anderen, wie sie für einen Augenblick alles um sich herum vergessen – auch, daß die beiden Melodien nicht gerade gut zusammenpassen. Aber den »Fabulous Four« macht das nichts. Von der Wand des Lokals betrachten sie wohlwollend die Szene eines kleinen Glücks. Draußen läuft George Hocker vorbei. Die Ausgabe des *Liverpool Echo*, die er austrägt, hat ein Foto von John Lennon auf der Titelseite. In der dazugehörigen Geschichte heißt es, daß sein Mörder nach fast zwanzig Jahren Haft demnächst freikommen könnte.

September 2000

Knietief in Druckerschwärze

Ein Streifzug durch den englischen Zeitungsmarkt

Inzwischen kennt man sie alle. Nicht persönlich, aber das ist vielleicht gut so, denn man möchte ja nicht das Bild zerstören, das man sich beim Lesen gemacht hat – zum Beispiel das von Simon Hoggart als einem ziemlich witzigen und geistreichen Zeitgenossen. Der *sketchwriter* des *Guardian* ist unser Lieblingskolumnist. Aus furztrockenen parlamentarischen Debatten das Typische und das Komische herausdestillieren, durch Überzeichnungen den Kern der Sache freilegen – das ist seine Kunst. Wer zu ihrem Gegenstand wird, braucht schon ein bißchen Selbstironie, um das auszuhalten. Kürzlich war Ann Widdecombe der Gegenstand.

Die innenpolitische Sprecherin der Opposition ist unter den Parlamentariern im House of Commons diejenige, die einem Naturwunder am nächsten kommt – mehr Vulkan als Mensch, prall gefüllt mit glühender Lava, permanent in Ausbruchsgefahr. Aber daß während ihres letzten großen parlamentarischen Auftritts der Flugverkehr vor Schäden an empfindlichen Instrumenten gewarnt werden mußte und »in der Gegend von Watford eine Kuh eine Ziege zur Welt brachte« – das ist denn doch ein ganz kleines bißchen übertrieben. Das ist Simon Hoggart.

Es gibt aber auch noch andere Kolumnisten, die uns lieb geworden sind und die dafür entschädigen, daß wir uns jeden Morgen durch einen Haufen Bedrucktes wühlen müssen, der nicht nur inhaltsschwer ist – 2,6 Kilo an Wochentagen, mehr als das Doppelte am Samstag. Dr. Stuttaford beispielsweise. Dessen vertrauenerweckendes Arztgesicht in der *Times* möchte man nicht missen. Kein Gebrechen, das er in seinem »Medical Briefing« nicht mit ein paar tröstenden und aufmunternden Worten zu lindern verstünde. Welche Medizin gegen Schnupfen und Erkältung? Ach was, sagt Dr. Stuttaford, ein Glas Whisky tut's auch. Man möchte ihn küssen.

Britische Presse. Den Afrika- und Asienreisenden, der, wenn man von seinen Indienbesuchen absieht, in all den Jahren zeitungsmäßig ein bißchen ausgetrocknet ist, trifft sie in ihrer geballten Wucht am Anfang wie ein Keulenschlag. Es sind nämlich nicht die Feingeister, die einem als erstes auffallen, sondern die Rüpel vom Boulevard. »Würden Sie mit dem Mann schlafen?« fragt mit allen Zeichen des Abscheus einer von denen und bringt dazu ein unvorteilhaftes Foto von einem rotbärtigen und, wie es im Text heißt, »gartenzwergähnlichen« Herrn. Ein Story über einen Sittlichkeitsverbrecher? Der Afrika- und Asienreisende staunt nicht schlecht darüber, daß der Verhöhnte der Außenminister Robin Cook ist.

»Stuffing the frogs«, so lernt man als Neuling, ist nicht etwa ein Hinweis auf eine kulinarische Delikatesse, sondern die journalistische Einstimmung auf ein Fußball- oder Rugbymatch gegen die Franzosen. Und wenn von den »Hunnen« die Rede ist oder von den »Panzern«, die anrollen, dann weiß der Eingeweihte, daß im nicht enden wollenden

Krieg gegen die Deutschen wieder mal eine Schlacht zu schlagen ist – wenn auch bedauerlicherweise nur auf dem grünen Rasen. Ach, der Krieg: Schon so elend lange hat kein richtiger mehr stattgefunden, Falkland ist auch schon ewig her, kein Wunder, daß sich die Blätter auf Ersatzbefriedigung verlegen müssen. Aber Jagen ist ja auch ganz schön.

Es gibt solche und solche Jäger im britischen Blätterwald. Die einen sind es mehr hobbymäßig, die anderen professionell. Am professionellsten ist das Boulevardblatt *News of the World*. Die Sonntagszeitung ist von den 23 großen Gazetten im Land mit über vier Millionen Exemplaren die auflagenstärkste. Ihr Chefredakteur heißt Phil Hall, und seine Reporterinnen nennt man in der Branche »Hall's Angels« – attraktive, junge, clevere Frauen, die sich darauf verstehen, ihren Opfern mit Alkohol, Charme und Sex-Appeal (Appeal, kein Sex, sagt Hall: »Die Höschen bleiben an!«) so lange den Verstand zu vernebeln, bis sie ausplaudern, was besser ihr kleines, schmutziges Geheimnis geblieben wäre.

Auf diese Weise wurden Lawrence Dallaglio, der Kapitän der englischen Rugbynationalmannschaft, und Tom Parker Bowles, der Sohn der Lebensgefährtin von Prinz Charles, als Drogenkonsumenten zur Strecke und an den Pranger gebracht. Und wenn es keine Prominentenskalps zu präsentieren gibt, dann sind es schon mal die Namen und Adressen von Päderasten, die das Murdoch-Blatt veröffentlicht und so gewissermaßen den Startschuß gibt zu einer munteren Hetzjagd auf tatsächliche oder auch nur vermeintliche Kindsverderber.

Die seriösen Blätter hat das empört – dabei lassen die sich gelegentlich selber vom Jagdfieber anstecken.

Als der ehemalige Fußballnationaltrainer Glenn Hoddle mit einer dummen Bemerkung zum Thema Reinkarnation die Behinderten im Land beleidigt, da fallen sie wie eine hechelnde, kläffende Meute alle über ihn her – »blutdürstig«, sagt der Kommunikationswissenschaftler James Curren, sei ihm das vorgekommen, »völlig unverhältnismäßig zur ›Tat‹«. Manchmal gibt es überhaupt keine Tat, und die Jagd vollzieht sich so subtil, daß es, wie man das hier nennt, mehr eine »whispering campaign« ist, aber auch da gibt es am Ende ein Opfer: Weil die bösartigen Gerüchte über das Kabinettsmitglied Mo Mowlam, die in Downing Street ihren Ursprung haben, von den Blättern bereitwillig in Umlauf gesetzt werden, gibt die Bedrängte im September zermürbt ihren Rückzug aus der Politik bekannt.

Schön muß man das alles nicht finden, aber es hat hohen Unterhaltungswert. Britische Zeitungen zu lesen, das ist aufregender und überraschender als etwa bei deutschen, weil sie losgelöst vom Korsett starrer Layouts die Aufmachung dem Thema unterordnen – und nicht umgekehrt. So kommt es, etwa im *Independent*, zu diesen Titelseiten, die, mit einem ausdrucksstarken, riesigen Foto als Blickfang, so abseitigen Themen wie etwa der Flutkatastrophe in Moçambique oder den Farmbesetzungen in Zimbabwe gewidmet sind. Oder es kommt auf der ersten Seite der *Times* zu einer Großaufnahme von Gordon Browns abgeknabberten Fingernägeln – als Illustration der Nervosität vor einer wichtigen

Rede des Finanzministers. Die Überschrift dazu: »It's a real nail-biter for Gordon Brown.«

Auch Nachrichtentexte sind meist glänzend geschrieben, und was die Politik betrifft, so wird die sehr umfangreich und unter Berücksichtigung aller Facetten auf eine Weise aufbereitet, daß man, wie ein altgedienter Kollege sagt, als Leser stets einen guten Überblick über das Kampfgetümmel hat. Vor einem Stück Verblödung ist man freilich auch bei den britischen Zeitungen nicht sicher: Es muß am Regierungssitz Downing Street nur ein Baby geboren werden, um selbst die ernsthaftesten Chefredakteure um ihren Verstand zu bringen. »Bitte machen Sie eine Zeitung für Erwachsene«, schrieb ein Leser fast flehentlich an den *Guardian*, »und berichten Sie über die Geburt dezent auf einer der hinteren Seiten.« Keine Chance. Das linksliberale Blatt war gewissermaßen im Kindbettfieber.

Die Boulevardisierung der *broadsheets* schreitet voran, ihre Tränendrüsen haben sich entwickelt. Gebricht es an einer toten Prinzessin, dann wird ein bißchen Hysterie eben aus Anlaß einer ermordeten Fernsehansagerin in Gang gesetzt. Akkuratesse und Seriosität haben einen immer schwereren Stand gegenüber den seichten und glitschigen Skandalgeschichten, den personalisierten Dramen, den *scoops* um jeden Preis. Der Asienexperte der *International Herald Tribune*, Philip Bowring, kürzlich mal auf Besuch in London, zeigte sich entsetzt über den »vulgären Nationalismus« nicht nur der Boulevardblätter und den Trend, mit Beleidigungen zu operieren statt mit Argumenten und etwa den Brüsseler Eurokraten nicht mit fundierter Kritik zu kommen, sondern mit »infantilem Chauvinismus«. Alles wahr, aber wahr ist eben auch, daß in den attackierten Blättern selber diese bedenklichen Entwicklungen thematisiert und diskutiert werden. »Vergiß die Fakten«, höhnt im *Observer* der Kolumnist Will Hutton, »Hauptsache, wir haben einen schönen Skandal.«

Oder doch wenigstens ein richtiges Desaster. Jede Kalamität, so David Aaronovitch im *Independent* aus Anlaß der Überschwemmungen in Mittelengland, werde mittels »Katastrophensprache« gleich in den »Berühmtheitsstatus« erhoben, um ihr die allgemeine Aufmerksamkeit zu sichern. Verbale Inflation, der schnelle Kitzel, die Fixierung auf die Liz Hurleys dieser Welt – den Regierenden, schreibt Andrew Rawnsley, könne das nur recht sein, weil es den Blick verstelle auf die großen Affären im Zentrum der Macht.

Das eine schließt freilich das andere nicht aus. Die Blätter sind sehr wachsam hier, und daß sie auch einflußreich sind, hat man zuletzt im September 2000 gesehen. Da brachten die Benzinpreisproteste das Land auch deshalb bis an den Rand der Versorgungskrise, weil die rechten Gazetten die Stimmung entsprechend angeheizt hatten. Inzwischen haben sie umgeschwenkt und so ein neuerliches Aufflackern der Revolte im Keim erstickt. Anderes Beispiel: Euro. Daß sich Blair bis heute nicht traut, den Beitritt zur Einheitswährung energisch zu betreiben, liegt im wesentlichen an einer einzigen Zeitung: der *Sun*.

Murdochs tägliche Heimsuchung, angeblich von zehn Millionen Menschen gelesen, mag nicht so viel Macht haben, wie ihre Macher gerne behaupten, so zum Beispiel nach dem konservativen

Wahlsieg 1992, als sie sich mit der Schlagzeile stolz in die Brust warfen: »It's the *Sun* wot won it.« Es sei sogar erwiesen, sagt der Kommunikationswissenschaftler Curren, daß ihre Leserschaft mit schöner Regelmäßigkeit die Wahlempfehlungen mißachte. Trotzdem: Für Blair war das Blatt, von dem seine Frau Cherie sagte, es komme ihr nicht ins Haus, so wichtig, daß er viel Energie und all seinen Charme darauf verwandte, seinen Besitzer Rupert Murdoch so lange zu bezirzen, bis der samt *Sun* auf seiner Seite war.

Es war dies freilich, wie Andrew Ransley schreibt, ein »faustischer Pakt.« Blair war mit dem Teufel ins Bett gegangen, und um ihn bei Laune zu halten, tat er so ziemlich alles. Gleich nach der Wahl im Mai 1997 bedankte er sich artig für die »phantastische Unterstützung«. So rüde sein Pressemann Alastair Campbell meist mit Journalisten umspringt – mit denen, die für die *Sun* arbeiten, geht er vorsichtiger um. Selbst als das Blatt die Regierung mit einer »schwulen Mafia« verglich, kam aus Downing Street kein empörter Aufschrei, sondern Schweigen. Nichts soll die *Sun* reizen, und weil sie hochallergisch ist gegen alles, was aus Brüssel kommt, hält Blair sich selbst in einer so wichtigen Frage wie der Einführung des Euro zurück. Jedenfalls so lange, bis er mit Hilfe der *Sun* wiedergewählt worden ist.

So gesehen hat man einen respektablen Grund, sich neben all den anderen Blättern auch die *Sun* zu halten, wenngleich es natürlich in Wahrheit die Nackedeis auf der Seite drei sind, die uns zu ihrem Abnehmer gemacht haben. Die wenigstens muß man nur betrachten, das andere Zeugs hingegen muß man alles lesen, lesen und lesen. Lesen, bis einem die Buchstaben vor den Augen tanzen und die Druckerschwärze aus den Ohren quillt. Ein Fall für Dr. Stuttaford?

Der hat in diesen Tagen Wichtigeres zu tun: Queen Mum ist gestürzt und hat sich das Schlüsselbein gebrochen. Da war natürlich wieder mal einiges zu erklären und zu deuten. Dr. Stuttaford hat es auf bewährte Weise getan, und er hatte natürlich auch gleich wieder eine Beruhigungspille für die besorgten Untertanen zur Hand. Der Gin, so schrieb er, werde die Schmerzen der alten Dame lindern.

November 2000

Die neue Prinzenrolle – schon zerbröselt

Charles wird fünfzig: Was gibt es zu feiern?

»Und wenn du ihn küßt, verwandelt er sich dann zurück in einen Frosch?«
Unbekanntes Mädchen beim Besuch von Prinz Charles in Newcastle, zitiert im *Evening Standard*

Manchmal wird der Prinz mit I-Ah verglichen, und wie es an dessen Geburtstag war, das läßt sich nachlesen. »Der alte graue Esel stand am Bach und betrachtete sich im Wasser. ›Ein Bild des Jammers‹, sagte er. ›Genau. Ein Bild des Jammers.‹« Pu Bär war über seinen depressiven Freund nicht wenig erschrocken. Wie es beim Prinzen Charles sein wird, können wir nur ahnen. Der wird vermutlich nur so sprühen vor glänzender Laune – und wie sollte es auch anders sein, wenn einer neben gekrönten Häuptern aus aller Welt auch einen Mister Bean zu seinen Geburtstagsgästen zählen darf? Das gesellschaftliche Ereignis des Jahres steht bevor, doch in seinem Mittelpunkt steht in Wahrheit eine gequälte, an I-Ah erinnernde Seele, die am liebsten auf alles Brimborium verzichtet hätte. Was, bitte schön, gäbe es denn auch zu feiern?

Wenn normale Menschen fünfzig Jahre alt werden, dann haben sie meist Anlaß, Bilanz zu ziehen, auf ein aktives Berufsleben zurückzublicken, sich für die nächsten zehn Jahre noch einmal etwas vorzunehmen oder sich mit dem Gedanken an den

Vorruhestand anzufreunden. Voraussetzung ist natürlich, daß man ein berufliches Leben hat. Prinz Charles, wenn er mit dem gemeinen Volk zusammenkommt, pflegt als Eröffnungszug gerne zu fragen: »Was machen Sie beruflich?« Ob wohl schon mal jemand die Frage zurückgegeben hat: »Und was machen Sie beruflich?« *Indeed*, was macht Charles so den lieben, langen Tag? »Jagt, schießt, fischt, sorgt sich, schäkert mit seiner Geliebten und macht nicht den Eindruck, als beneide er seine zukünftigen Untertanen dafür, daß sie ihren Lebensunterhalt verdienen müssen.« So formuliert es sein Biograph Anthony Holden, und es klingt, als beschreibe er einen verwöhnten Nichtsnutz.

Damit tut man dem Prinzen wohl ein bißchen unrecht, doch auch mit viel gutem Willen läßt sich dem Mann eine berufliche Tätigkeit nicht zuordnen. Händeschüttler? Ist kein Beruf. Gedenktafelenthüller? Auch nicht. *Dogooder*, Gutmensch? Fällt unter Mäzenatentum. Thronfolger? Ist eher ein Schicksal – und zwar ein sehr schweres, wenn, wie in diesem Fall, auf dem Thron eine überaus rüstige Seniorin sitzt, die ihren Job als Lebensaufgabe ansieht und nicht im Traum daran denkt, in Rente zu gehen. Wird die 72jährige Königin so alt wie ihre Mutter jetzt ist, nämlich 98, dann wird Charles seinen Beruf zu einem Zeitpunkt antreten, an dem andere ihren Enkeln davon erzählen. Kein Wunder, daß in diesen Tagen wieder mal das berüchtigte A-Wort gefallen ist.

»A« steht für *abdication*, also Abdankung, und ist ein Tabu. Aber gerade deswegen taucht es immer wieder auf – zuletzt in einem Fernsehfilm aus

Anlaß von Charles' fünfzigstem Geburtstag. Darin hieß es unter Berufung auf eine Quelle in der Umgebung des Prinzen, er wäre nur zu froh, wenn seine Mutter endlich den Thron für ihn räumen würde. Ein Palastcoup? Natürlich nicht, vielmehr war der ihm zugeschriebene Wunsch eine Verleumdung – und zwar eine »groteske«, »schändliche«, »gemeine«, »zutiefst beleidigende«, »verabscheuungswürdige« und »total lächerliche«. Ein so starkes Dementi aus einer Familie, die Verleumdungen zu ignorieren oder hochnäsig zurückzuweisen pflegt, gibt zu denken.

Psychologen könnten vermutlich hochinteressante Schlüsse aus dieser Schimpfkanonade des Prinzen ziehen. Ist da womöglich deshalb einer so wütend, weil seine allergeheimsten Sehnsüchte enthüllt worden sind? Oder ist das nur das ganz gewöhnliche Desaster, das sich zwangläufig einstellen muß, wenn allzu clevere *spindoctors* irgendwann nicht mehr in der Lage sind, Wunsch und Wirklichkeit auseinanderzuhalten und ihre Grenzen zu erkennen? *Spindoctors* sind die große Mode. Es sind Leute, die nicht mit Inhalten, sondern mit Verpackungen handeln und sich auf die Kunst verstehen, Produkten ein mediengerechtes Image zu verpassen. Die verstaubte Labour Party als »New Labour« zu verkaufen, war ein klassischer Spindoctor-Coup. »New Charles« muß für den Prinzen eine große Versuchung gewesen sein.

Kaum einer im Königreich hatte ein so schlechtes Image wie er. Während Diana als selbsternannte Königin der Herzen weithin verehrt wurde, haftete ihrem Mann das Etikett des gefühlskalten und rücksichtslosen Ehebrechers an. Des Prinzen Charakter stand in Zweifel, und es gab nicht wenige, die sich fragten, ob so einer überhaupt zum König taugt. Ein Fall für den *spindoctor* also, und was solche Leute zu leisten vermögen, wenn sie gut sind, das ließ sich bald an den Schlagzeilen ablesen. »Der Pariaprinz gewinnt die Herzen seines Volkes zurück«, staunte die *Times*, und der *Guardian* schwärmte gar von einer »Transformation« des Prinzen. Was war geschehen? Nicht viel. Ein paar triviale Ideen waren umgesetzt worden – mit großer Wirkung.

Auf einer Reise durchs südliche Afrika präsentierte sich der Prinz, der zehn Jahre lang die verhaßte Presse von sich ferngehalten hatte, plötzlich den mitreisenden Hofberichterstattern für ein Plauderstündchen – und wurde umgehend mit freundlichen Stories belohnt. Ein paar Tage später dann wurde in Südafrika ein besonders süffiger Cocktail angerührt. Nimm einen Volkshelden (Mandela), demonstriere deine Vaterliebe, indem du deinen niedlichen Sohn Harry an deiner Seite hast, würze das ganze mit den Spice Girls – und fertig ist ein Zaubertrank, an dem sich die Medien prompt berauschten. In diesem Stil ging es weiter: Mal sorgender Vater, mal Freund der Popstars, und das alles ohne den Schatten einer glamourösen Rivalin. »Repackaging« wurde das genannt. Das Produkt Charles bekam eine neue Verpackung, und schon ließ es sich besser verkaufen.

Zum erstenmal seit Jahren, so ergaben Umfragen, glaubt eine Mehrheit der Briten, daß aus Charles ein guter König wird. Selbst die Möglichkeit, daß der Prinz seine langjährige Geliebte Camilla Parker Bowles heiraten könnte, ruft immer weniger

Entrüstung hervor. Daß die beiden sich in der Ägäis auf einer Kreuzfahrt amüsieren, ist zwar noch eine Schlagzeile wert – aber keine Empörung mehr. Und so schien alles auf gutem Wege zu sein, solange zumindest, bis das Buch von Penny Junor erschien. »Charles: Opfer oder Schurke?« heißt es und beantwortet die Frage eindeutig zugunsten des Prinzen. Bösewicht in der gescheiterten Ehe, sagt die Autorin, sei nicht Charles, sondern Diana gewesen: Sie habe mit den Seitensprüngen begonnen und später, als auch Charles untreu geworden sei, die Nebenbuhlerin Camilla mit anonymen Morddrohungen belästigt.

Schmutzige Wäsche aus einer längst abgesetzten Seifenoper, unappetitlich, übelriechend – und doch beinahe ein Politikum. Die neue Lesart der Kabalen bei Hofe legte nämlich die Vermutung nahe, seine Unschuld Prinz Charles habe die Reinwaschung womöglich selber geordert – oder sie durch seine *spindoctors* in Szene setzen lassen. Sich auf Kosten der toten Ehefrau zu rehabilitieren, ist indes nicht gerade die feine Art, weshalb der Prinz sich denn auch gemeinsam mit Camilla Parker Bowles sogleich von dem Buch distanzierte. Die *spindoctors* hat das freilich nicht entlastet. An ihnen blieb der Verdacht kleben, sie hätten in ihrem Eifer, ihren Boß endlich im besten Licht erscheinen zu lassen, der Autorin gleichsam die Schreibhand geführt und so die weltweite Gemeinde der Diana-Fans unnötig in Wallung gebracht.

Damit hatte das neugestylte Produkt Charles seine ersten Schrammen, richtig beschädigt aber war es, als kurz danach das A-Wort fiel. Irgend jemand aus Charles' Umgebung muß es den Fernsehmachern zugeflüstert haben – aus Übermut? Als Folge von Wunschdenken oder Realitätsverlust? Egal, der Schaden war angerichtet, und die Folgen muß einer tragen, der offenbar dazu verdammt ist, stets aufs neue ins Zentrum von Kontroversen zu stolpern – happy birthday, Your Royal Highness! Ob Charles sich vielleicht manchmal heimlich wünscht, es ginge zu wie im Märchen, wo aus Prinzen Frösche und aus Fröschen Prinzen werden? Zumindest vorübergehend abtauchen, als munterer Laubfrosch im biologischen Gemüse herumspringen und mit den Blumen ungestört alles durchsprechen?

Doch dazu ist bekanntlich ein Kuß vonnöten – und daran könnte sich im ungünstigsten Falle schon wieder eine neue Kontroverse entzünden. Die Ägäis ist weit, daheim im Königreich aber sind die Verhältnisse nun mal so, daß Charles auch als Fünfzigjähriger sein Privatleben nicht etwa nach Lust und Laune gestalten kann, sondern genau kalkulieren muß, wieviel Camilla sich dem Publikum zumuten läßt. Kürzlich, bei einer Societyhochzeit, haben die beiden in ihrer Not das Kunststück vorgeführt, eine Einladung gemeinsam wahrzunehmen, ohne von den Fotografen zusammen gesehen zu werden: Sie fuhren getrennt und in gehörigem Abstand vor. Für erwachsene Menschen kann so ein Versteckspiel nicht anders sein als demütigend, nur: Was sollen zwei machen, die sich praktisch permanent unter der Lupe der öffentlichen Aufmerksamkeit befinden?

Schon werden Preise genannt für das erste Foto, das Charles und Camilla händchenhaltend zeigt – von zwei Millionen Pfund ist die Rede. Die Jagd ist längst eröffnet und die Debatte sowieso. Wer auf sich hält im Lande, der hat eine Meinung zu Charles und Camilla – so zum Beispiel der offenbar sehr einfühlsame Kolumnist Tom Utley, der seinen Lesern mitteilte, daß es sich um wahre Liebe handeln müsse, weil es an den äußeren Reizen der Dame ja nun wirklich nicht liegen könne. Oder der Journalist Andrew Neill, der mit der Endgültigkeit von Gottes Weltgericht den Prinzen übers Fernsehen darüber aufgeklärt hat, daß er Camilla haben kann oder die Krone – »aber nicht beides«. Selbst Kirchenmänner können der Versuchung nicht widerstehen, sich einzumischen.

Hat der Prinz was von Heirat gesagt? Bewahre. Aber führende Geistliche hält das nicht davon ab, öffentlich das Für und Wider abzuwägen. Erklärt der eine, Charles könne auch als Ehemann der geschiedenen Camilla durchaus König und Oberhaupt der Church of England werden, und überhaupt sei es »ethisch, moralisch« angebracht, daß die beiden endlich in den Stand der Ehe träten, meldet sich prompt ein anderer und verkündet, die *cohabitation* sei schlecht für das Land, das nämlich eines guten Beispiels bedürfe. Für *spindoctors* tut sich da ein weites Feld auf – ein Minenfeld freilich, denn das Thema Heirat rührt an verfassungsrechtliche Fragen und, ärger noch, an ein royales Trauma. Schließlich war da ja schon einmal eine geschiedene Frau, die einen König den Thron gekostet hat.

Von der Queen heißt es, sie sei striktestens gegen eine offizielle Verbindung mit Camilla, die sie als Unheilsbringerin geradezu zu fürchten scheint. Veranstaltungen, bei denen sie der Dame begegnen könnte, meidet sie so konsequent, daß sie noch nicht mal am fünfzigsten Geburtstag ihres Sohnes eine Ausnahme macht. Weil bei der großen Party am Samstag auf Charles' Landsitz Highgrove als Gastgeberin Camilla fungiert, bleibt die Mutter demonstrativ fern und richtet statt dessen ein separates Fest für Charles aus.

»Du kommst mir so traurig vor, I-Ah«, sagte Pu Bär. »Traurig? Warum sollte ich traurig sein? Ich habe Geburtstag. Der glücklichste Tag des Jahres.«

November 1998

Flagge wird nicht mehr gezeigt

Hundert Jahre Labour Party

Wohin wir wollten, fragt der Taxifahrer. »Number 10 Dee Square«. Winsford ist kein großer Ort. Der Fahrer muß weder sein Gedächtnis noch einen Stadtplan bemühen. Er kennt nicht nur die Adresse, er kennt auch die Person, die da wohnt. »So, so«, sagt er, »Sie wollen also zu Mrs. Tipple. Hat viel geleistet hier im Ort, die alte Dame.« Es ist ein grauer, verregneter Tag. Das Auto fährt durch graue, verregnete Straßen. Vor einem Reihenhaus bleibt es stehen. Die Frau, die die Tür aufmacht, ist klein und untersetzt. Sie hat graue Haare, aber lebhafte, wache Augen. Erst einmal macht sie einen Tee, und als dann alles gerichtet ist, als der Gast Platz genommen hat und der Tee und das Gebäck in Reichweite stehen, da nimmt Mrs. Tipple ebenfalls Platz und sagt: »Jetzt bin ich aber gespannt, was Sie von mir wollen.«

Wenn jemand hundert Jahre alt wird und man vor der Aufgabe steht, das Ereignis zu würdigen, dann liegt es nahe, solche Menschen zu befragen, die den Jubilar kennen, die vielleicht mit ihm befreundet sind, oder gar mit ihm verheiratet. An diesem Sonntag, dem 27. Februar, jährt sich zum hundertsten Mal der Tag, an dem die Labour Party gegründet wurde. Ein langjähriges Labourmitglied also hatten wir gesucht, hatten in alten Arbeiterstädten wie Sheffield und Liverpool herumtelefoniert und vor unserem geistigen Auge einen knorrigen, kampfgestählten Genossen gesehen. Na ja, knorrig ist Josie Tipple eher nicht, und gestählt irgendwie auch nicht. Aber sie ist 82 Jahre alt und seit 61 Jahren aktives Mitglied der Labour Party.

Im Flur ihres Häuschens hat sie zwei Ehrenurkunden hängen, in denen ihre »herausragenden Dienste« für die Partei gewürdigt werden – die eine gezeichnet von Robin Cook, dem jetzigen Außenminister, die andere vom Altlinken Tony Benn. Letzterer ist eigentlich nicht so ihr Fall, das hat sie mit Tony Blair gemein. Für den sind die Benns unliebsame Erinnerungen an die Zeiten, als Labour noch *old*, noch voller Ecken und Kanten und innerer Widersprüche war. Deshalb hat Blair sie ja umgeformt, die Partei, hat ihr ein mediengerechtes, staubabweisendes und busineßfreundliches Image verpaßt und ihr einen schönen, vor allem auch für die Mittelklasse attraktiven Namen gegeben: New Labour. Für eine hochbetagte Partei aus der Arbeiterbewegung ist das eine ziemliche Radikalkur – und für ihre Mitglieder?

Lassen wir die Geschichte von Josie Tipple und ihrem Verhältnis mit der Labour Party 1926 beginnen. Ein schwieriges Jahr. Ein Bergarbeiterstreik weitete sich zu einem Generalstreik aus, das Land war im Chaos, und inmitten dieses Chaos nahm der Vertreter Harry Elson eines Abends seine achtjährige Tochter Josie an der Hand, ging mit ihr zu einer Veranstaltung, wo ein Bergarbeiterchor Lieder vortrug. Das Mädchen sah, wie der Eimer rumging zum Geldsammeln für die streikenden Kumpel, und es dachte zum ersten Mal darüber nach, daß einige viel haben und andere wenig.

Drei Jahre später waren Parlamentswahlen, und Josie, die südöstlich von Liverpool in Weaverham, Grafschaft Cheshire, aufwuchs, erlebte mit, wie sich die Labourkandidatin Barbara Gould tapfer einer Haßkampagne der Tories erwehrte und am Ende mit vier Stimmen Differenz verlor. Josie fing an, sich für die Labour Party zu interessieren, aber mit dem Eintritt in die Partei wartete sie vorsichtshalber, bis sie volljährig war. Denn sie wußte genau, daß das Schieberkappenimage der Partei ihren Eltern, die religiös waren und liberal wählten, ein Greuel war. Deren Ideal war die Mittelklasse. Und nicht die Arbeiterklasse. Volljährig freilich wurde Josie in dem Jahr, als der Zweite Weltkrieg ausbrach und die Parteiarbeit weitgehend eingestellt wurde. Ein tatendurstiges neues Mitglied mußte warten.

Aber sie begann sich schon mal einzurichten in ihrer politischen Heimat. Sie wußte, daß die Partei, wenn der Krieg erst einmal vorbei war, Geld brauchen würde, um wieder neu in Gang zu kommen, und so zahlte sie – zusammen mit drei Parteifreunden – ihren Mitgliedsbeitrag auf ein Sparkonto bei der Post ein. Es handelte sich um einen Penny pro Woche. 1945 war die Wartezeit zu Ende. Was für ein Jahr: Die Welt hatte wieder Zukunft und Josie einen Freund. Es war, natürlich, ein Parteifreund, und man traf sich, natürlich, bei einer Parteiveranstaltung, und zwar in Weaverham, wo Josie zur Ortsvereinsvorsitzenden gewählt wurde. Sie war Lehrerin, ihr Freund Bill Mellor, den sie zwei Jahre später heiraten sollte, Kesselmacher. Es war Wahlkampfjahr, Josie sprach bei verschiedenen Parteiveranstaltungen, und sie fand Gefallen daran.

Als das Ergebnis bekanntgegeben wurde, als in

der Labour Hall in Northwich eine krächzende Radiostimme Clement Attlees Sieg über den Kriegshelden Winston Churchill verkündete, da konnte sie es »einfach nicht fassen«. Sie sagt, und es klingt fast so, als sei sie heute noch ein bißchen beseelt von diesem rauschhaften Gefühl von damals: »Wir schwebten wie auf Wolken.« 48 Prozent der Stimmen, 393 Unterhausmandate – auch die Abgeordneten selber waren so überwältigt von dem unerwarteten Triumph, daß sie auf den Bänken der Regierungspartei erst einmal ihren Emotionen freien Lauf ließen und die »Rote Flagge« sangen, ihr Parteilied. Dann gingen sie daran, das Land nach sozialistischen Vorstellungen umzukrempeln. Ein Wohlfahrtsstaat wurde aufgebaut, mit dem National Health Service bekamen die Briten einen kostenlosen Gesundheitsdienst.

Josie war stolz auf die neuen Errungenschaften, und dankbar war sie auch. Als 1949 ihr Sohn William geboren wurde, da war der eines der ersten Babies, das auf Staatskosten zur Welt kam. Aber 1951 war dann erst einmal Schluß mit der Labourherrlichkeit, und zwar für 13 lange Jahre. In der Opposition tat die Partei, was fortan ihr Erkennungszeichen sein würde – sie stritt sich. Linke Fundamentalisten und rechte Revisionisten rangen um den Kurs von Labour. Mal erregte »Clause IV«, die berühmte Vergesellschaftungsklausel des Parteimanifestes, die Gemüter, dann wieder ging es um die Frage, ob man die Nuklearoption aufgeben sollte. Die dreißig Mitglieder des Ortsvereins in Weaverham hielten Mittelkurs in diesen stürmischen Zeiten. Ihre Vorsitzende mochte keine radikalen Ausschläge, weder nach links noch nach rechts.

Mit Harold Wilson kehrte Labour 1964 an die Macht zurück. Wilson kam vom linken Flügel, entsprechend skeptisch war Josie, die Pragmatikerin. Aber dann erlebte sie Wilson auf einer Massenveranstaltung in Manchester und war beeindruckt von der Leichtigkeit, mit der er Zugang fand zu seinen Zuhörern. Überhaupt erwies sich Wilson bald als Realpolitiker, der einiges bewegte, vier Wahlen gewann, aber mit der Wirtschaft nicht klar kam. Josie, mittlerweile Witwe und in den Nachbarort Winsford umgezogen, merkte das unter anderem daran, daß sie auf ihre geliebten Busreisen nach Frankreich oder in die Schweiz auf einmal nur mehr 33 Pfund mitnehmen durfte – »oder waren es 30? Oh dear!« Die alte Dame mag es nicht, wenn sie die Fakten nicht auf die Reihe bekommt. Sie eilt aus dem Zimmer, holt ihren Paß, blättert darin, und dann hat sie es: »Da, 32 Pfund!« Nein, wirtschaftlich gesehen waren es keine guten Zeiten.

Als Wilson sich 1976 zurückzog und James Callaghan übernahm, war das nur noch das Postskriptum einer Ära. Der Streikwinter von 1978/79 läutete Labours Ende als Regierungspartei ein, aber in Winsford, immerhin, stemmte sich noch eine gegen den Trend. Josie amtierte dort nicht nur als Parteivorsitzende, sondern für zwölf Monate auch als Bürgermeisterin. Es war nun freilich nicht mehr weit bis zum offenen Bürgerkrieg in der Labour Party. Während das Land von einer eisernen Lady regiert wurde, gingen in der Labour Party Linke und Rechte daran, sich gegenseitig zu zerfleischen und die Partei unwählbar zu machen. Es war die Hochzeit der militanten Linken, die zum Beispiel in Liverpool durch ihre Chaospolitik die Stadtverwaltung lahmlegten – und selbst einen Ort wie Winsford nicht verschonten.

Da freilich stießen sie auf den zähen Widerstand einer kleinen, zarten Frau. Sie war nun zwar schon in einem Alter, da andere sich zurückziehen, aber ihre Lebenslust und ihr Behauptungswille waren ungebrochen. 1979 hatte sie noch einmal geheiratet, einen Parteifreund namens Percy Tipple, und was die Militanten betraf, da war sie »entschlossen, zu kämpfen«. Leicht war es nicht, denn die innerparteilichen Gegner »waren gut geschult«, sie »redeten wie Grammophone« und schreckten auch vor Verleumdungen nicht zurück. Josie Tipple beschimpften sie öffentlich als »Verräterin«. Aber schließlich, mit Hilfe von zwei Parteiausschlüssen, sei man sie dann doch losgeworden. Winsford blieb die Anarchie erspart, und eine tapfere Frau hatte einen gewissen Ruhm begründet, der zum Beispiel bei den Taxifahrern des Ortes bis heute anhält.

Es ist ein langes Gespräch, und je länger es dauert, desto mehr staunen wir über die Konzentrationsfähigkeit der 82jährigen, die alle ihre Erinnerungen abrufbereit hat. Zu den meisten von Labours 15 Vorsitzenden hat sie kurze, treffende Kommentare, zum Beispiel auch zu Michael Foot, unter dem Labour in den achtziger Jahren an den linken Rand rutschte. Schwach sei der gewesen, sagt sie, fern der Realität und unfähig, Labours verheerende Wahlniederlage 1983 abzuwenden. Es war dies einer der Tiefpunkte in Labours Geschichte. Schlimmer, sagt Mrs. Tipple, sei nur der Absturz bei der Wahl 1931 gewesen.

So redet sie, kenntnisreich, meinungsstark, eloquent: Über Neil Kinnock, den Waliser, der nach

Foot kam und den Fall ins Bodenlose aufzuhalten versuchte, durch Reformen und auch dadurch, daß er einen Modernisierer namens Peter Mandelson an seine Seite holte, der Labours Emblem, die rote Flagge, durch eine rote Rose ersetzte. Oder über John Smith, den Vorletzten in Labours Ahnenreihe, von dem Josie Tipple sagt: »Ein Mann ganz nach meinem Geschmack, geradeaus, prinzipientreu.« Diesen schottischen Anwalt hätte sie gern als Regierungschef gesehen – und war er nicht auf dem Weg dahin? Gerade noch hatte er über ein glänzendes Ergebnis bei den Kommunalwahlen im Mai 1994 jubiliert, da war er plötzlich tot. Frau Tipple war »entsetzt«. Sie weiß noch genau, wo sie war, als die Nachricht sie erreichte: »Im Auto auf der Fahrt nach Crewe.«

Und nun also Blair. Josie Tipple hätte dessen Rivalen und heutigen Finanzminister Gordon Brown vorgezogen, aber aus heutiger Sicht gibt sie zu: »Wahrscheinlich hätte er nicht so viele Menschen inspiriert wie Blair.« Sie hat ein Album, da sieht man sie zusammen mit Brown, der letztes Jahr in Winsford war und sich wahrscheinlich ein bißchen gewundert hat, was für langlebige Labourfunktionäre es gibt. Josie Tipple steht ja immer noch der Labour Party in Winsford vor. »Es will den Job niemand sonst machen«, sagt sie und schreibt weiter regelmäßig ihre Parteiverlautbarungen mit der Hand und schickt sie an den *Winsford Chronicle* und den *Winsford Guardian*. Basisarbeit in der Provinz – und der Lohn? Seit ewigen Zeiten gehört der Wahlkreis den Tories, aber bei der Nachwahl letztes Jahr immerhin ist der Vorsprung von 15.000 Stimmen auf 1000 geschmolzen.

Ein Leben für die Partei – aber ist es eigentlich noch dieselbe? Ist es noch die Labour Party, der Josie Tipple 1939 beigetreten ist, in dem idealistischen Bestreben, eine Welt zu verändern, in der einige viel haben und andere wenig? Nein, ist sie natürlich nicht, aber die alte Dame macht nicht den Eindruck, als sei sie gebeutelt von den Häutungen, die Labour hinter sich hat: »Hauptsache, die Partei ist an der Macht und setzt ihr Programm um.« Daß da heute auf ihrer Mitgliedskarte mit der Nummer A422138 nicht mehr die Forderung nach Vergesellschaftung der Produktionsmittel steht, stört sie nicht. Von Verstaatlichung hat sie nie etwas gehalten. Und daß da jetzt statt dessen ein eleganter, sehr schön klingender, aber unverbindlicher Satz steht? So einer, wie er inzwischen typisch ist für eine Partei, der die Verpackung oft wichtiger ist als der Inhalt? Stört sie auch nicht wirklich. Pickt sie sich halt das heraus, was ihr wichtig erscheint.

Wenn Josie Tipple etwas stört, dann ist es die schwarze Kunst des *spindoctoring*. Die Medien zu manipulieren und doch die entscheidenden Botschaften nicht an die Anhänger zu bringen – das nervt sie gewaltig. Die Partei, findet sie, solle sich mehr darauf konzentrieren darzustellen, was sie Gutes tue, schließlich tue sie doch einiges. Josie Tipple holt ein Kärtchen mit Labours Wahlversprechungen hervor, geht sie der Reihe nach durch und findet, daß bis auf die Verbesserungen im National Health Service doch alles gehalten worden sei. Nun gut, ein bißchen Reklame darf sein, Josie Tipple ist schließlich Partei. Sie lebt ihre Partei. Seit acht Jahren ist sie zum zweiten Mal Witwe, geblieben sind ihr nur der Sohn und – Labour. Zwar war die lediglich in 24 ihrer 100 Jahre an der Macht, aber dafür hat sie jetzt die größte parlamentarische Mehrheit ihrer Geschichte und in Tony Blair einen ungewöhnlich populären Chef.

Den hätte Josie Tipple im Oktober eigentlich im Regierungssitz Downing Street persönlich kennenlernen sollen – auf einem Empfang für langjährige Parteimitglieder. Aber da lag sie daheim mit Grippe darnieder und konnte nicht. Auch an diesem Tag ist Josie Tipple ein bißchen erkältet, und deshalb wollen wir ihre Gastfreundschaft nicht überstrapazieren. Nur noch eine Frage, Mrs. Tipple: Was war in den 61 Jahren Ihr stolzester Moment als Labourmitglied? Sie nennt zwei: den Wahltriumph 1945 und die Wiedereinführung der Milchspeisung für Vorschulkinder in Winsford, nachdem sie zuvor – landesweit – von Margaret Thatcher abgeschafft worden war. »Es scheint keine sehr bedeutende Sache zu sein«, sagt Josie Tipple, »aber mir hat es etwas bedeutet.«

Februar 2000

Tod und Deadline

Die Londoner »Times« hortet für alle Fälle dreitausend vorbereitete Nachrufe, leider trifft es sozusagen immer wieder die Falschen

»Es ist streng vertraulich«, sagte er. »Wir brauchen einen talentierten Autor für Nekrologe, einen Meister des kurzen Genres.« – »Das heißt, ich soll in der Redaktion sitzen und warten, bis jemand stirbt?« fragte Viktor leise.

ANDREJ KURKOW,
»Picknick auf dem Eis«

Der Tod ist ein schwieriger Geselle. Nie weiß man, wann er wen hinwegrafft, und daß er sich an Redaktionsschlußzeiten hielte, kann man auch nicht gerade sagen. Denjenigen, der sich berufsmäßig damit beschäftigt, berühmten oder wenigstens interessanten Verblichenen ein ehrendes Andenken zu bewahren, stellt das vor nicht geringe Probleme. Vorratshaltung ist die Methode, die noch am ehesten dazu taugt, sich vor unliebsamen Überraschungen zu schützen.

Die »Obituary Page«, also die für Nachrufe zuständige Redaktion der *Times*, hat einen stattlichen Vorrat von dreitausend Stücken angelegt, und wenn es letztes Jahr an einem Nachmittag im Dezember der, sagen wir, Außenminister Robin Cook gewesen wäre, der bei einem Autounfall ums Leben kam, dann hätten sie sich im *Times*-Gebäude vermutlich gratuliert und ohne Eile aus dem Depot den längst fertigen Nekrolog hervorgezogen.

»Dummerweise« war es jedoch nicht Robin Cook, sondern der Schauspieler Desmond Llewelyn – und den suchten sie in der Vorratskammer vergebens. Wäre er wenigstens am Morgen gestorben, dann hätte es genug Zeit gegeben, das Versäumnis in aller Ruhe wettzumachen, doch der Waliser tat, was sie in der Nachrufredaktion am allerwenigsten leiden können: Er verschied kurz vor der Deadline. Jim McCue, der stellvertretende Leiter der Redaktion, hatte gerade mal eine Stunde, um das Lebenswerk des Mimen zu würdigen. Bei einer weniger bekannten Figur hätte man vielleicht einfach noch einen Tag zugewartet, doch der Mann, der in 17 James-Bond-Filmen als der Erfinder Q den Agenten 007 mit dem typischen Agenten-Handwerkszeug ausstaffierte, dem Aston Martin mit Schleudersitz, dem hochexplosiven Kugelschreiber, der durfte in der nächsten Ausgabe nicht fehlen. Schon wegen der Konkurrenz nicht.

Anders als in Deutschland nämlich, wo die Zeitungen im Wesentlichen in der Politik, in der Wirtschaft, im Sport, im Feuilleton und im Lokalen miteinander wetteifern, gibt es bei den *broadsheets* in England (wie übrigens auch bei denen in den USA) noch die zusätzliche Sparte Nachrufe. *Obituaries* sind eine feste Einrichtung in den Redaktionen der großen Zeitungen, und zwar nicht irgendwo verschämt als kleiner Kasten, sondern tagtäglich als ganze Seite. Der Tod mag schwierig und unberechenbar sein, aber er ist ausgesprochen emsig – und im Königreich weiß man das zu würdigen. Die *Times* wartet jeden Tag mit mindestens drei Nekrologen auf, und nach allem, was man weiß, sind das Stücke, die sich eines großen Leserkreises erfreuen. »Any smart deaths today?« heißt es dann beim Frühstück, und das bedeutet nichts anderes, als daß sich da einer auf die Lebensgeschichte eines Lords oder Grafen freut – und sich natürlich auch ein bißchen daran ergötzt, daß er ihn überlebt hat.

Daß seine Seite gern gelesen wird, hat für Jim McCue von der *Times* einen einfachen Grund. »Es ist«, sagt er mit dem typisch britischen Understatement, »die am besten geschriebene in der ganzen Zeitung.« Jedenfalls möchte er das gerne glauben, und vielleicht stimmt es ja sogar. Sicher ist, daß die fünf Kollegen in der Nachrufredaktion, so sie nicht durch plötzliche Tode überrascht werden, anders als die Schnellschießer aus dem Aktuellen sehr viel behutsamer und einfühlsamer zu Werke gehen und mit sehr feinen Instrumenten herauszuarbeiten versuchen, was das Typische und Charakteristische ist eines Lebenslaufs, vielleicht auch einer Ära.

So wie zum Beispiel im Fall des Teemischers aus Yorkshire. Da hatten sie einen Tip bekommen, hatten sich aber, weil es kein Prominenter war, Zeit gelassen, hatten ausgiebig hinrecherchiert, und das Ergebnis war eine faszinierende Geschichte über einen Mann und über sechzig Jahre Tee-Industrie. Eine Geschichte, die zwischen York und Indien spielte, zwischen der Kunst, Teemischungen auf die jeweilige Beschaffenheit des Wassers abzustimmen, und der Not, im Krieg rationierte Teevorräte gerecht zu verteilen.

Oder wie im Fall des Schornsteinexperten. Da hatten sie zur Illustration einen dieser industriellen

Backsteinschlote abgebildet – ein senkrechter Strich nahezu die ganze Seite entlang, so wie man sich das nur leisten kann, wenn man sich vor dem Etikett mit der Aufschrift »Exzentriker« nicht mehr fürchtet. Die Geschichte dazu handelte von einem, der sein ganzes Leben diesen Schloten gewidmet, der sie bestiegen, sie repariert und sie mit einer eigenen Erfindung umweltfreundlicher gemacht hatte. Eine Story über eine Leidenschaft, aber eben auch ein Stück Industriegeschichte.

Eine von diesen kleinen Perlen also, wie sie sich immer wieder mal finden in dem Überangebot von falschen. Es ist nämlich so, daß McCue und Kollegen jeden Tag von allen möglichen Seiten bedrängt werden, doch diesem Anwalt oder jenem Professor bitte schön ein Denkmal zu setzen, denn ein Nachruf in der *Times* ist fast noch besser als ein schöner Grabstein.

Die meisten dieser Begehren lehnen sie ab – zehn bis fünfzehn pro Woche. Nicht die untadelige akademische Karriere ist das Kriterium, sondern die Frage, ob sich mit dem Lebenslauf eine den Zeitungsleser interessierende Geschichte verbindet. Auswählen, ablehnen, recherchieren, schreiben, vorbereiten, keinen wichtigen Toten übersehen, jeden Tag eine ganze Seite füllen – für fünf Redakteure wäre das nur schwer zu schaffen. Deswegen haben sie ein Netz, das geknüpft ist aus dem Expertenwissen von Leuten, die sich auskennen in der Literatur und in der Marine, in der politischen und in der Popszene, in der Luftwaffe, in der klassischen Musik, in der Mode – in der Hoffnung, daß sich darin alles verfängt, was ein Obituary werden könnte. Und trotzdem: Als Gianni Versace starb, da war es wieder eine Sache von wenigen Stunden, und bei Paula Yates war es ebenfalls ziemlich knapp.

Hinterher ist man immer schlauer. Drogen, Alkohol – man hätte es ahnen können. Aber als es soweit war, als man die vierzigjährige Fernsehmoderatorin und Buchautorin (»Rockstars in Unterhosen«) im September tot fand, da war nichts vorbereitet. Anders bei dem berühmtesten aller Langstreckenläufer. Emil Zatopek war schon weit über siebzig, war krank – auf den wartete in der Pennington Street in London bereits ein ausführlicher, die halbe Seite füllender Text. Eigentlich ja ein etwas makabrer Job, in der Vergangenheitsform über Leute zu schreiben, die noch leben. In dem russischen Roman »Picknick auf dem Eis« geht es dem Nekrologschreiber Viktor gewaltig auf die Nerven, immer nur Stücke für die Schublade zu verfassen, bis er schließlich aus seiner Frustration erlöst wird: »Man wollte dir was Gutes tun. Aber mach dir keine Sorgen, er hatte es mehr als verdient.«

Doch die von Kurkow ziemlich frei erfundenen Hauptstadtnachrichten in Kiew sind mit der *Times* in London nur schwer zu vergleichen. Donald Dewar, der ehemalige erste Minister Schottlands und der letzte prominente Brite, der auf der »Obituary Page« des Blattes gewürdigt wurde, ist garantiert eines natürlichen Todes gestorben. Eitel darf man ohnehin nicht sein, wenn man Nekrologe für die *Times* verfaßt – die Texte erscheinen stets ohne den Namen des Autors, und zwar selbst dann, wenn es prominente sind. Das Leben der Margaret Thatcher hat ein bekanntes Mitglied ihres Kabinetts gewürdigt, aber wer das ist, werden die Leser genausowenig erfahren wie den Namen des Politikers, der über Tony Blair geschrieben hat. Klar, daß Nachrufe über solche Figuren bereitliegen; auch der Tod Dianas konnte die Redaktion nicht überraschen, und was Queen Mum betrifft, die Hundertjährige, so dürfte es kein Stück im Nekrologenlager der *Times* geben, das so oft ergänzt und auf den allerneuesten Stand gebracht wurde.

Reggie Kray hingegen suchte man auf der Seite vergebens. Den Gangsterboß aus dem Londoner East End haben sie verscheiden lassen, ohne von ihm Notiz zu nehmen. Den hat McCue der Feature-Redaktion überlassen, denn seine Seite sieht er ein bißchen auch als eine Art Ehrenfriedhof, wo nur beerdigt wird, wer seinem Leben einen Sinn gegeben hat. Und so wie es sich für eine solche Stätte gehört, wird da weder abgerechnet noch gezetert. Vor allem das Gute wird herausgestrichen, und wenn sich charakterliche Mängel nicht völlig ignorieren lassen – so wie im Fall eines prominenten Philatelisten, der Kataloge manipulierte, um seine Marken wertvoller erscheinen zu lassen –, dann schreibt man eben vornehm, diskret und sehr britisch von einem »Interessenkonflikt«.

Im Moment hängt in der Redaktion eine Liste mit den Namen von etwa fünfzig Lebenden, von denen die *Times*-Kollegen glauben, daß sie aufgrund von Alter, Krankheit und Prominenz schnellstmöglich mit einem Nachruf bedacht werden sollten – auf daß das Lager noch voller und die Wahrscheinlichkeit wieder ein Stückchen geringer werde, vom Tod überrascht und ausgetrickst zu werden. Andererseits: Man weiß ja, was von Totgesagten behauptet wird. So gesehen ist das Hamstern von Nachrufen vielleicht doch eher kontraproduktiv.

In dieser Woche sind in der *Times* 14 Nachrufe abgedruckt worden, darunter eine Pianistin, ein Regisseur, ein Kriegsheld, ein Fußballer, ein Raumfahrtexperte und ein Reporter. Nur vier davon waren aus den Lagerbeständen.

Dezember 2000